Il processo civile

Commentario breve al c.d. "Correttivo Cartabia"
(d.lgs. 31 ottobre 2024, n. 164)

IUSTITIAM COLIMUS

Francesco P. Luiso

Il processo civile

Commentario breve al c.d. "Correttivo Cartabia"
(d.lgs. 31 ottobre 2024, n. 164)

Giappichelli

VIA PO, 21 - TEL. 011-81.53.111
http://www.giappichelli.it

ISBN/EAN 978-88-7524-629-7
ISBN/EAN 979-12-211-6129-8 (ebook)

G. Giappichelli Editore

Questo libro è stato stampato su carta certificata, riciclabile al 100%

Stampa: Stampatre s.r.l. - Torino

Indice

pag

Il processo civile
Commentario breve al c.d. "Correttivo Cartabia"
(d.lgs. 31 ottobre 2024, n. 164)

Il processo civile
Commentario breve al c.d. "Correttivo Cartabia"
(d.lgs. 31 ottobre 2024, n. 164)

Art. 38

1. Al Libro I, Titolo I, Capo I, Sezione I, articolo 38, del codice di procedura civile sono apportate le seguenti modificazioni:

a) all'articolo 38, terzo comma, le parole «non oltre l'udienza di cui all'articolo 183» sono sostituite dalle seguenti: «con il decreto previsto dall'articolo 171-*bis*»;

Art. 38. Incompetenza.

[I]. L'incompetenza per materia, quella per valore e quella per territorio sono eccepite, a pena di decadenza, nella comparsa di risposta tempestivamente depositata. L'eccezione di incompetenza per territorio si ha per non proposta se non contiene l'indicazione del giudice che la parte ritiene competente.

[II]. Fuori dei casi previsti dall'articolo 28, quando le parti costituite aderiscono all'indicazione del giudice competente per territorio, la competenza del giudice indicato rimane ferma se la causa è riassunta entro tre mesi dalla cancellazione della stessa dal ruolo.

[III]. L'incompetenza per materia, quella per valore e quella per territorio nei casi previsti dall'articolo 28 sono rilevate d'ufficio **con il decreto previsto dall'articolo 171-*bis* o, nei procedimenti ai quali non si applica l'articolo 171-*bis*, non oltre la prima udienza.**

[IV]. Le questioni di cui ai commi precedenti sono decise, ai soli fini della competenza, in base a quello che risulta dagli atti e, quando sia reso necessario dall'eccezione del convenuto o dal rilievo del giudice, assunte sommarie informazioni.

Diritto intertemporale: la disposizione si applica ai procedimenti introdotti successivamente al 28 febbraio 2023.

Commento

La norma anticipa, per il giudice, il termine primo ed ultimo per la rilevazione dell'incompetenza: non più la prima udienza, sibbene il decreto di cui all'art. 171-*bis* c.p.c.

Poiché l'incompetenza deve essere rilevata dal convenuto con la comparsa di costituzione, ne consegue che, una volta pronunciato il decreto *ex* art. 171-*bis* c.p.c., in quel processo la incompetenza diverrà irrilevante.

Naturalmente, per la rilevazione dell'incompetenza rimane fermo il limite della prima udienza in tutti i processi che iniziano con modalità diverse dal rito ordinario (rito semplificato e riti speciali).

La "rilevazione" della incompetenza non significa che il giudice possa immediatamente rimettere la causa in decisione: ciò potrà avvenire solo alla prima udienza, dopo che le parti avranno avuto modo di prendere posizione sulla questione.

Art. 47

1. Al Libro I, Titolo I, Capo I, Sezione I, articolo 38, del codice di procedura civile sono apportate le seguenti modificazioni:

b) all'articolo 47, quinto comma, la parola «venti» è sostituita dalla seguente: «quaranta»;

Art. 47. Procedimento del regolamento di competenza.

[I]. L'istanza di regolamento di competenza si propone alla Corte di cassazione con ricorso sottoscritto dal procuratore o dalla parte, se questa si è costituita personalmente.

[II]. Il ricorso deve essere notificato alle parti che non vi hanno aderito entro il termine perentorio di trenta giorni dalla comunicazione della ordinanza che abbia pronunciato sulla competenza o dalla notificazione dell'impugnazione ordinaria nel caso previsto nell'articolo 43, comma 2. L'adesione delle parti può risultare anche dalla sottoscrizione del ricorso.

[III]. La parte che propone l'istanza deve depositare il ricorso, con i documenti necessari, nel termine perentorio di venti giorni dall'ultima notificazione alle altre parti.

[IV]. Il regolamento d'ufficio è richiesto con ordinanza dal giudice.

[V]. Le parti, alle quali è notificato il ricorso o comunicata l'ordinanza del giudice, possono, nei **quaranta** giorni successivi, depositare alla Corte di cassazione scritture difensive e documenti.

Diritto intertemporale: la disposizione si applica ai procedimenti introdotti successivamente al 28 febbraio 2023.

Commento

La norma in commento, accogliendo un suggerimento delle commissioni parlamentari, prende atto che il termine di venti giorni, assegnato alle altre parti per depositare le proprie difese, non può coincidere con quello, sempre di venti giorni, assegnato all'istante per depositare il ricorso nel fascicolo informatico. Il termine a difesa viene quindi determinato in quaranta giorni dalla notificazione del ricorso o dalla comunicazione dell'ordinanza con la quale si solleva il regolamento di ufficio.

Art. 50-*bis*

1. Al Libro I, Titolo I, Capo I, Sezione I, articolo 38, del codice di procedura civile sono apportate le seguenti modificazioni:

c) all'articolo 50-*bis*, primo comma, il numero 7-*bis* è abrogato;

Art. 50-*bis*. Cause nelle quali il tribunale giudica in composizione collegiale.

[I]. Il tribunale giudica in composizione collegiale:

1) nelle cause nelle quali è obbligatorio l'intervento del pubblico ministero, salvo che sia altrimenti disposto;

2) nelle cause di opposizione, impugnazione, revocazione e in quelle conseguenti a dichiarazioni tardive di crediti di cui al regio decreto 16 marzo 1942, n. 267 e alle altre leggi speciali disciplinanti la liquidazione coatta amministrativa;

3) nelle cause devolute alle sezioni specializzate;

4) nelle cause di omologazione del concordato fallimentare e del concordato preventivo;

7) nelle cause di cui alla legge 13 aprile 1988, n. 117.

Diritto intertemporale: Le disposizioni di cui all'art. 50-*bis*, comma 1, n. 7-*bis*) del codice di procedura civile continuano ad applicarsi alle condotte illecite poste in essere precedentemente alla data di entrata in vigore della legge 12 aprile 2019, n. 31.

Commento

La norma si limita a prendere atto di una dimenticanza, nella quale era incorso il d.lgs. n. 149/2022. Quest'ultimo ha modificato l'art. 50-*bis* c.p.c., riducendo le fattispecie di decisione collegiale, ma ha lasciato immutata la previsione relativa alla decisione collegiale delle controversie di cui all'art. 140-*bis* del codice del consumo.

Senonché questa norma era stata (già) abrogata dall'art. 5, comma 1, della legge 12 aprile 2019, n. 31; la competenza per le azioni di classe è stata attribuita alle sezioni specializzate in materia di impresa, che giudicano sempre in formazione collegiale ai sensi del n. 3 della norma in commento.

Art. 52

1. Al libro primo del codice di procedura civile sono apportate le seguenti modificazioni:

d) all'articolo 52, secondo comma, le parole «in cancelleria» sono soppresse.

Art. 52. Ricusazione del giudice.

[I]. Nei casi in cui è fatto obbligo al giudice di astenersi, ciascuna delle parti può proporne la ricusazione mediante ricorso contenente i motivi specifici e i mezzi di prova.

[II]. Il ricorso, sottoscritto dalla parte o dal difensore, deve essere depositato due giorni prima dell'udienza, se al ricusante è noto il nome dei giudici che sono chiamati a trattare o decidere la causa, e prima dell'inizio della trattazione o discussione di questa nel caso contrario.

[III]. La ricusazione sospende il processo.

Diritto intertemporale: la disposizione si applica ai procedimenti introdotti successivamente al 28 febbraio 2023.

Commento

La norma si limita ad eliminare il riferimento alla cancelleria, che nel processo telematico non integra più le modalità ed il luogo del "deposito".

Art. 70

1. Al libro primo del codice di procedura civile sono apportate le seguenti modificazioni:

e) all'articolo 70, primo comma, dopo il numero 3) è inserito il seguente:

«3-*bis*) nelle cause in cui devono essere emessi provvedimenti relativi ai figli minori;».

Art. 70. Intervento in causa del pubblico ministero.

[I]. Il pubblico ministero deve intervenire, a pena di nullità rilevabile d'ufficio:

1) nelle cause che egli stesso potrebbe proporre;

2) nelle cause matrimoniali, comprese quelle di separazione personale dei coniugi;

3) nelle cause riguardanti lo stato e la capacità delle persone;

3-*bis*) nelle cause in cui devono essere emessi provvedimenti relativi ai figli minori;

[4) nelle cause collettive e nelle cause individuali di lavoro in grado di appello]

5) negli altri casi previsti dalla legge.

[II]. Deve intervenire nelle cause davanti alla corte di cassazione nei casi stabiliti dalla legge.

[III]. Può infine intervenire in ogni altra causa in cui ravvisa un pubblico interesse.

Diritto intertemporale: la disposizione si applica ai procedimenti introdotti successivamente al 28 febbraio 2023.

Commento

La norma generalizza il dovere di intervento del pubblico ministero in tutte le cause nelle quali sono coinvolti figli minori.

Nella previsione originaria del codice, l'intervento obbligatorio del pubblico ministero nelle cause matrimoniali, ivi comprese quelle di separazione, copriva sostanzialmente tutte le fattispecie nella quali erano coinvolti figli minori.

Ma già con la sentenza 25 giugno 1996, n. 214, la Corte costituzionale ebbe a dichiarare l'illegittimità della norma in esame "nella parte in cui non prescrive l'intervento obbligatorio del p.m. nei giudizi tra genitori naturali che comportino "provvedimenti relativi ai figli".

Data l'equiparazione dei figli maggiorenni handicappati ai figli minori, si dovrebbe intendere che anche in questi casi l'intervento del pubblico ministero è obbligatorio.

Art. 101

1. Al libro primo del codice di procedura civile sono apportate le seguenti modificazioni:

f) all'articolo 101, secondo comma, le parole «in cancelleria» sono soppresse;

Art. 101. Principio del contraddittorio.

[I]. Il giudice, salvo che la legge disponga altrimenti, non può statuire sopra alcuna domanda, se la parte contro la quale è proposta non è stata regolarmente citata e non è comparsa.

[II]. Il giudice assicura il rispetto del contraddittorio e, quando accerta che dalla sua violazione è derivata una lesione del diritto di difesa, adotta i provvedimenti opportuni. Se ritiene di porre a fondamento della decisione una questione rilevata d'ufficio, il giudice riserva la decisione, assegnando alle parti, a pena di nullità, un termine, non inferiore a venti giorni e non superiore a quaranta giorni dalla comunicazione, per il deposito [in cancelleria] di memorie contenenti osservazioni sulla medesima questione.

Diritto intertemporale: la disposizione si applica ai procedimenti introdotti successivamente al 28 febbraio 2023.

Commento

La norma si limita ad eliminare il riferimento alla cancelleria, che nel processo telematico non integra più le modalità ed il luogo del "deposito".

Art. 123

1. Al libro primo del codice di procedura civile sono apportate le seguenti modificazioni:

g) all'articolo 123, le parole «dell'articolo precedente» sono sostituite dalle seguenti: «dell'articolo 193».

Art. 123. Quando occorre procedere all'esame di documenti che non sono scritti in lingua italiana, il giudice può nominare un traduttore, il quale presta giuramento a norma **dell'articolo 193**.

Diritto intertemporale: la disposizione si applica ai procedimenti introdotti successivamente al 28 febbraio 2023.

Commento

La norma in commento prevede che il giuramento del traduttore abbia luogo con le modalità di cui all'art. 193 c.p.c., e cioè anche in via telematica.

Art. 125

1. Al libro primo del codice di procedura civile sono apportate le seguenti modificazioni:

h) all'articolo 125, primo comma, le parole «Il difensore deve altresì indicare il proprio numero di fax.» sono soppresse;

Art. 125. Contenuto e sottoscrizione degli atti di parte.

[I]. Salvo che la legge disponga altrimenti, la citazione, il ricorso, la comparsa, il controricorso, il precetto debbono indicare l'ufficio giudiziario, le parti, l'oggetto, le ragioni della domanda e le conclusioni o la istanza, e, tanto nell'originale quanto nelle copie da notificare, debbono essere sottoscritti dalla parte, se essa sta in giudizio personalmente, oppure dal difensore che indica il proprio codice fiscale.

[II]. La procura al difensore dell'attore può essere rilasciata in data posteriore alla notificazione dell'atto, purché anteriormente alla costituzione della parte rappresentata.

[III]. La disposizione del comma precedente non si applica quando la legge richiede che la citazione sia sottoscritta dal difensore munito di mandato speciale.

Diritto intertemporale: la disposizione si applica ai procedimenti introdotti successivamente al 28 febbraio 2023.

Commento

La norma elimina l'obbligo dell'indicazione del numero del fax, poiché questa modalità di trasmissione e ricezione è andata in desuetudine.

Art. 127-*ter*

1. Al libro primo del codice di procedura civile sono apportate le seguenti modificazioni:

i) all'articolo 127-*ter*:

1) al primo comma è aggiunto, in fine, il seguente periodo: «L'udienza non può essere sostituita quando la presenza personale delle parti è prescritta dalla legge o disposta dal giudice.»;

2) al secondo comma, dopo il secondo periodo è inserito il seguente: «Nel caso previsto dall'articolo 128, se una delle parti si oppone il giudice revoca il provvedimento e fissa l'udienza pubblica.»;

3) al quinto comma è aggiunto, in fine, il seguente periodo: «Il provvedimento depositato entro il giorno successivo alla scadenza del termine si considera letto in udienza.»;

Art. 127-*ter*. Deposito di note scritte in sostituzione dell'udienza

[I]. L'udienza, anche se precedentemente fissata, può essere sostituita dal deposito di note scritte, contenenti le sole istanze e conclusioni, se non richiede la presenza di soggetti diversi dai difensori, dalle parti, dal pubblico ministero e dagli ausiliari del giudice. Negli stessi casi, l'udienza è sostituita dal deposito di note scritte se ne fanno richiesta tutte le parti costituite. **L'udienza non può essere sostituita quando la presenza personale delle parti è prescritta dalla legge o disposta dal giudice.**

[II]. Con il provvedimento con cui sostituisce l'udienza il giudice assegna un termine perentorio non inferiore a quindici giorni per il deposito delle note. Ciascuna parte costituita può opporsi entro cinque giorni dalla comunicazione; il giudice provvede nei cinque giorni successivi con decreto non impugnabile e, in caso di istanza proposta congiuntamente da tutte le parti, dispone in conformità. **Nel caso previsto dall'articolo 128, se una delle parti si oppone il giudice revoca il provvedimento e fissa l'udienza pubblica**. Se ricorrono particolari ragioni di urgenza, delle quali il giudice dà atto nel provvedimento, i termini di cui al primo e secondo periodo possono essere abbreviati.

[III]. Il giudice provvede entro trenta giorni dalla scadenza del termine per il deposito delle note.

[IV]. Se nessuna delle parti deposita le note nel termine assegnato il giudice assegna un nuovo termine perentorio per il deposito delle note scritte o fissa udienza. Se nessuna delle parti deposita le note nel nuovo termine o compare all'udienza, il giudice ordina che la causa sia cancellata dal ruolo e dichiara l'estinzione del processo.

[V]. Il giorno di scadenza del termine assegnato per il deposito delle note di cui al presente articolo è considerato data di udienza a tutti gli effetti. **Il provvedimento depositato entro il giorno successivo alla scadenza del termine si considera letto in udienza.**

Diritto intertemporale: la disposizione si applica ai procedimenti introdotti successivamente al 28 febbraio 2023.

Commento

La norma in esame costituisce una delle più importanti modifiche del correttivo.

In primo luogo, la norma non consente più la trattazione scritta quando è prevista la presenza in udienza delle parti. In realtà, la estensione generalizzata di tale presenza in udienza costituisce nella stragrande maggioranza dei casi un'inutile formalità, che determina una spesa e una perdita di tempo, e che ben quindi poteva essere regolata sulla base di una valutazione dei difensori delle parti: se questi ritenevano utile la presenza delle parti, potevano imporre la trattazione in presenza (o da remoto). Se ritenevano inutile la presenza delle parti in udienza, potevano imporre la trattazione scritta.

L'aver introdotto una disposizione così rigida – che senso ha costringere ad una presenza in udienza il curatore concorsuale e il delegato della banca, quando si tratta di revocatoria? che senso ha costringere ad una presenza in udienza soggetti che hanno già in precedenza svolto un procedimento di mediazione? – porterà ad una sostanziale disapplicazione delle norme che impongono la presenza delle parti, come del resto è già successo nella vigenza delle vecchie norme. Disapplicazione tacita avallata dalla Cassazione, quando ha negato ogni rilevanza processuale alla mancata presenza in udienza delle parti.

L'alternativa può essere l'udienza da remoto, che peraltro rimane soggetta alla valutazione discrezionale del giudice.

In secondo luogo, una mitigazione della previgente disciplina è stata introdotta con riferimento all'udienza di discussione. In precedenza, ove il giudice avesse disposto la trattazione scritta, occorreva il consenso di tutti i difensori per lo svolgimento dell'udienza in presenza (o da remoto). Ora, invece, è sufficiente l'opposizione di uno dei difensori.

Infine, si è introdotta una opportuna precisazione: laddove l'udienza si svolga nelle forme della trattazione scritta, è evidentemente impossibile prevedere la lettura del provvedimento in una udienza … che non c'è! Dunque, il deposito del provvedimento nel giorno successivo alla scadenza del termine equivale alla lettura in udienza.

Art. 128

1. Al libro primo del codice di procedura civile sono apportate le seguenti modificazioni:

l) all'articolo 128, primo comma, è aggiunto, in fine, il seguente periodo: «Il giudice può altresì disporre la sostituzione dell'udienza ai sensi dell'articolo 127-*ter,* salvo che una delle parti si opponga.»

Art. 128. Udienza pubblica.

[I]. L'udienza in cui si discute la causa è pubblica a pena di nullità, ma il giudice che la dirige può disporre che si svolga a porte chiuse, se ricorrono ragioni di sicurezza dello Stato, di ordine pubblico o di buon costume. **Il giudice può altresì disporre la sostituzione dell'udienza ai sensi dell'articolo 127-*ter*, salvo che una delle parti si opponga.**

[II]. Il giudice esercita i poteri di polizia per il mantenimento dell'ordine e del decoro e può allontanare chi contravviene alle sue prescrizioni.

Diritto intertemporale: la disposizione si applica ai procedimenti introdotti successivamente al 28 febbraio 2023.

Commento

La norma ripete quanto visto in precedenza: anche l'udienza di discussione può essere svolta in forma scritta, ma basta l'opposizione di una delle parti per convertirla in udienza in presenza (o da remoto).

In senso opposto, la richiesta di tutti i difensori obbliga il giudice a far svolgere l'udienza di discussione in forma scritta, non essendo questa un'udienza in cui è prevista la comparizione personale delle parti.

Art. 133

1. Al libro primo del codice di procedura civile sono apportate le seguenti modificazioni:

m) l'articolo 133 è sostituito dal seguente:

«133 (Pubblicazione e comunicazione della sentenza). – La sentenza è resa pubblica mediante deposito informatico, nel rispetto della normativa, anche regolamentare, concernente la sottoscrizione, la trasmissione e la ricezione dei documenti informatici.

Il cancelliere dà immediata comunicazione del deposito alle parti che si sono costituite. La comunicazione non è idonea a far decorrere i termini per le impugnazioni di cui all'articolo 325.»;

Art. 133. Pubblicazione e comunicazione della sentenza.

[I]. La sentenza è resa pubblica mediante deposito informatico, nel rispetto della normativa, anche regolamentare, concernente la sottoscrizione, la trasmissione e la ricezione dei documenti informatici.

[II]. Il cancelliere dà immediata comunicazione del deposito alle parti che si sono costituite. La comunicazione non è idonea a far decorrere i termini per le impugnazioni di cui all'articolo 325.

Diritto intertemporale: la disposizione si applica ai procedimenti introdotti successivamente al 28 febbraio 2023.

Commento

La *ratio* della nuova disposizione si rinviene nella disciplina del processo telematico.

L'art. 196-*quater*, comma 2, delle disposizioni di attuazione del c.p.c. prevede che «il deposito dei provvedimenti del giudice e dei verbali di udienza ha luogo con modalità telematiche». È quindi venuto meno il precedente intervento del cancelliere nella pubblicazione della sentenza, secondo il quale il cancelliere, nella sua qualità di pubblico ufficiale, attestava la autenticità della sottoscrizione del giudice e quindi la sua provenienza, e rendeva disponibile a tutti coloro che ne richiedessero copia – "pubblicava" – il provvedimento.

Nel processo telematico, la sentenza è autenticata dallo stesso giudice, mediante il suo deposito nel fascicolo informatico (art. 196-*quinquies*, comma 1, delle disposizioni di attuazione del c.p.c.). Il programma, verificata la provenienza dell'atto e la legittimazione al deposito dello stesso da parte dell'autore dell'atto depositato, fa le veci del cancelliere nell'attestare la autenticità della sottoscrizione e quindi la provenienza dell'atto.

Lo stesso art. 196-*quinquies*, comma 2, delle disposizioni di attuazione del c.p.c., stabilisce che il provvedimento collegiale deve essere sottoscritto digitalmente anche dal presidente.

Al cancelliere non resta, pertanto, che avvertire i difensori delle parti costituite dell'avvenuto deposito della sentenza.

Il cancelliere riprende le sue previgenti funzioni quando l'atto da depositare è cartaceo: in tal caso, egli ne estrae copia informatica, e la deposita nel fascicolo informatico (art. 196-*quinquies*, comma 4, delle disposizioni di attuazione del c.p.c.).

Quanto disposto nel secondo periodo del comma 2 della norma in esame conferma una regola indiscussa: la comunicazione per esteso del provvedimento – prevista dall'art. 45 delle disposizioni di attuazione del c.p.c. – non produce effetti per la decorrenza dei c.d. temini brevi delle impugnazioni.

Art. 134

1. Al libro primo del codice di procedura civile sono apportate le seguenti modificazioni:

n) all'articolo 134, primo comma, le parole «scritta in calce al processo verbale oppure in foglio separato» sono sostituite dalle parole «redatta su documento separato»;

Art. 134. Forma, contenuto e comunicazione dell'ordinanza.

[I]. L'ordinanza è succintamente motivata. Se è pronunciata in udienza, è inserita nel processo verbale; se è pronunciata fuori dell'udienza, è **redatta su documento separato**, munito della data e della sottoscrizione del giudice o, quando questo è collegiale, del presidente.

[II]. Il cancelliere comunica alle parti l'ordinanza pronunciata fuori dell'udienza, salvo che la legge ne prescriva la notificazione.

Diritto intertemporale: la disposizione si applica ai procedimenti introdotti successivamente al 28 febbraio 2023.

Commento

La norma in esame prende atto della impossibilità materiale di incorporare l'ordinanza in un precedente atto del processo, e quindi si prevede che essa debba sempre essere redatta su un documento sperato.

Art. 135

1. Al libro primo del codice di procedura civile sono apportate le seguenti modificazioni:

o) all'articolo 135, il secondo comma è abrogato;

Art. 135. Forma e contenuto del decreto.

[I]. Il decreto è pronunciato d'ufficio o su istanza anche verbale della parte.

[II].

[III]. Quando l'istanza è proposta verbalmente, se ne redige processo verbale e il decreto è inserito nello stesso.

[IV]. Il decreto non è motivato, salvo che la motivazione sia prescritta espressamente dalla legge; è datato ed è sottoscritto dal giudice o, quando questo è collegiale, dal presidente.

Diritto intertemporale: la disposizione si applica ai procedimenti introdotti successivamente al 28 febbraio 2023.

Commento

La norma in esame replica, per il decreto, quanto stabilito dall'art. 134 c.p.c. per l'ordinanza: si elimina, in quanto tecnicamente impossibile, la possibilità di inserire il decreto in un diverso atto del processo.

Art. 136

1. Al libro primo del codice di procedura civile sono apportate le seguenti modificazioni:

p) all'articolo 136:

1) al primo comma, le parole «, con biglietto di cancelleria,» e la parola «abbreviata» sono soppresse;

2) il secondo comma è sostituito dal seguente:

«La comunicazione è effettuata dal cancelliere a mezzo posta elettronica certificata all'indirizzo risultante dai pubblici elenchi o al domicilio digitale speciale eletto ai sensi dell'articolo 3-*bis*, comma 4-*quinquies* del codice dell'amministrazione digitale di cui al decreto legislativo 7 marzo 2005, n. 82, nel rispetto della normativa, anche regolamentare, concernente la sottoscrizione, la trasmissione e la ricezione dei documenti informatici.»;

3) il terzo comma è sostituito dal seguente:

«Salvo che la legge disponga diversamente, quando la comunicazione non può essere eseguita o non ha esito positivo per causa non imputabile al destinatario, essa è trasmessa all'ufficiale giudiziario per la notifica. Se non può essere eseguita o non ha esito positivo per causa imputabile al destinatario, il cancelliere la esegue mediante inserimento dell'atto nel portale dei servizi telematici gestito dal Ministero della giustizia, con le modalità previste dall'articolo 149-*bis*.»;

Art. 136. Comunicazioni.

[I]. Il cancelliere fa le comunicazioni che sono prescritte dalla legge o dal giudice al pubblico ministero, alle parti, al consulente, agli altri ausiliari del giudice e ai testimoni, e dà notizia di quei provvedimenti per i quali è disposta dalla legge tale forma di comunicazione.

[II]. La comunicazione è effettuata dal cancelliere a mezzo posta elettronica certificata all'indirizzo risultante dai pubblici elenchi o al domicilio digitale speciale eletto ai sensi dell'articolo 3-*bis*, comma 4-*quinquies* del codice dell'amministrazione digitale di cui al decreto legislativo 7 marzo 2005, n. 82, nel rispetto della normativa, anche regolamentare, concernente la sottoscrizione, la trasmissione e la ricezione dei documenti informatici.

[III]. Salvo che la legge disponga diversamente, quando la comunicazione non può essere eseguita o non ha esito positivo per causa non imputabile al destinatario, essa è trasmessa all'ufficiale giudiziario per la notifica. Se non può essere eseguita o non ha esito positivo per causa imputabile al destinatario, il cancelliere la esegue mediante inserimento dell'atto nel portale dei servizi telematici gestito dal Ministero della giustizia, con le modalità previste dall'articolo 149-*bis*.

Diritto intertemporale: la disposizione si applica ai procedimenti introdotti successivamente al 28 febbraio 2023.

Commento

La norma in esame opera una ristrutturazione globale del regime delle comunicazioni della cancelleria, resa necessaria dal processo civile telematico.

In primo luogo, viene eliminata la comunicazione mediante biglietto di cancelleria, che costituiva una forma "abbreviata" di comunicazione, in quanto costituirebbe un'inutile complicazione formare un documento informatico diverso e più sintetico rispetto a quello da comunicare. È molto più semplice trasmettere in forma integrale l'atto di cui si deve fare la comunicazione.

In secondo luogo, nel processo telematico la comunicazione è strutturalmente identica ad una notificazione. Da qui l'estensione alla comunicazione degli stessi principi della notificazione a mezzo pec, che saranno esaminati nel commento all'art. 149-*bis* c.p.c.

Art. 149-*bis*

1. Al libro primo del codice di procedura civile sono apportate le seguenti modificazioni:

q) all'articolo 149-*bis*:

1) al secondo comma, dopo le parole «l'ufficiale giudiziario trasmette» sono inserite le seguenti: «il duplicato informatico o»;

2) il terzo comma è sostituito dal seguente:

«La notifica si perfeziona, per il soggetto notificante, nel momento in cui il documento informatico da notificare è consegnato all'ufficiale giudiziario e, per il destinatario, nel momento in cui viene generata la ricevuta di avvenuta consegna da parte del suo gestore di posta elettronica o del servizio di recapito elettronico certificato qualificato.»;

3) dopo il sesto comma è aggiunto il seguente:

«Se la notificazione nei modi di cui al primo e al secondo comma non può essere eseguita o non ha esito positivo per causa non imputabile al destinatario, essa è eseguita con le altre modalità previste dalla presente sezione. Se la notificazione non può essere eseguita o non ha esito positivo per causa imputabile al destinatario, l'ufficiale giudiziario la esegue mediante inserimento dell'atto da notificare nel portale dei servizi telematici gestito dal Ministero della giustizia, unitamente ad una dichiarazione sulla sussistenza dei presupposti per l'inserimento, all'interno di un'area riservata collegata al codice fiscale del destinatario e generata dal portale e accessibile al destinatario. La notificazione si ha per eseguita, per il destinatario, nel decimo giorno successivo a quello in cui è compiuto l'inserimento o, se anteriore, nella data in cui egli accede all'area riservata.».

Art. 149-*bis*. Notificazione a mezzo posta elettronica certificata eseguita dall'ufficiale giudiziario.

[I]. L'ufficiale giudiziario esegue la notificazione a mezzo posta elettronica certificata o servizio elettronico di recapito certificato qualificato, anche previa estrazione di copia informatica del documento cartaceo, quando il destinatario è un soggetto per il quale la legge prevede l'obbligo di munirsi di un indirizzo di posta elettronica certificata o servizio elettronico di recapito certificato qualificato risultante dai pubblici elenchi oppure quando il destinatario ha eletto domicilio digitale ai sensi dell'articolo 3-*bis,* comma 1-*bis,* del codice dell'amministrazione digitale di cui al decreto legislativo 7 marzo 2005, n. 82.

[II]. Se procede ai sensi del primo comma, l'ufficiale giudiziario trasmette **il duplicato informatico o** copia informatica dell'atto sottoscritta con firma digitale all'indirizzo di posta elettronica certificata del destinatario risultante da pubblici elenchi o comunque accessibili alle pubbliche amministrazioni.

[III]. **La notifica si perfeziona, per il soggetto notificante, nel momento in cui il documento informatico da notificare è consegnato all'ufficiale giudiziario e, per il destinatario, nel momento in cui viene generata la ricevuta di avvenuta consegna da parte del suo gestore di posta elettronica o del servizio di recapito elettronico certificato qualificato.**

[IV]. L'ufficiale giudiziario redige la relazione di cui all'articolo 148, primo comma, su documento informatico separato, sottoscritto con firma digitale e congiunto all'atto cui si riferisce mediante strumenti informatici, individuati con apposito decreto del Ministero della giustizia. La relazione contiene le informazioni di cui all'articolo 148, secondo comma, sostituito il luogo della consegna con l'indirizzo di posta elettronica presso il quale l'atto è stato inviato.

[V]. Al documento informatico originale o alla copia informatica del documento cartaceo sono allegate, con le modalità previste dal quarto comma, le ricevute di invio e di consegna previste dalla normativa, anche regolamentare, concernente la trasmissione e la ricezione dei documenti informatici trasmessi in via telematica.

[VI]. Eseguita la notificazione, l'ufficiale giudiziario restituisce all'istante o al richiedente, anche per via telematica, l'atto notificato, unitamente alla relazione di notificazione e agli allegati previsti dal quinto comma.

[VII]. Se la notificazione nei modi di cui al primo e al secondo comma non può essere eseguita o non ha esito positivo per causa non imputabile al destinatario, essa è eseguita con le altre modalità previste dalla presente sezione. Se la notificazione non può essere eseguita o non ha esito positivo per causa imputabile al destinatario, l'ufficiale giudiziario la esegue mediante inserimento dell'atto da notificare nel portale dei servizi telematici gestito dal Ministero della giustizia, unitamente ad una dichiarazione sulla sussistenza dei presupposti per l'inserimento, all'interno di un'area riservata collegata al codice fiscale del destinatario e generata dal portale e accessibile al destinatario. La notificazione si ha per eseguita, per il destinatario, nel decimo giorno successivo a quello in cui è compiuto l'inserimento o, se anteriore, nella data in cui egli accede all'area riservata.

Diritto intertemporale: la disposizione si applica ai procedimenti introdotti successivamente al 28 febbraio 2023.

Commento

La norma in commento perfeziona la disciplina della notificazione a mezzo pec, risolvendo alcuni problemi posti dalla previgente disposizione.

In primo luogo, si prevede che l'atto, oggetto di notificazione, possa essere costituito da un duplicato informatico dell'atto stesso. Ciò quando l'atto, consegnato all'ufficiale giudiziario per la notifica, è esso stesso un atto informatico. In tal caso, essendo il duplicato necessariamente identico ed indistinguibile all'atto consegnato per la notifica, non vi è necessità di autenticazione. Se, invece, l'atto consegnato per la notifica non è informatico, l'ufficiale giudiziario ne forma una copia informatica e la autentica con la propria firma digitale.

In secondo luogo, si chiarisce come il principio della scissione del momento di perfezionamento della notifica per il soggetto notificante e per il destinatario opera per la notifica telematica. Per il notificante, il perfezionamento si produce con la consegna dell'atto all'ufficiale giudiziario; per il notificato, con la generazione della ricevuta di consegna (c.d. seconda pec).

Infine, il nuovo comma 7 disciplina l'ipotesi in cui la notificazione a mezzo posta elettronica non vada a buon fine, distinguendo a seconda che ciò accada per causa imputabile o non imputabile al destinatario.

Nel secondo caso, occorre procedere con le altre vie previste dalla legge: la notificazione a mezzo ufficiale giudiziario secondo quanto previsto dagli artt. 137 ss., oppure da parte dello stesso legale a mezzo posta.

Nel primo caso, la notificazione si perfeziona con il seguente *iter*: l'ufficiale giudiziario (o il difensore che provvede alla notifica in proprio) inserisce l'atto nel portale dei servizi telematici gestito dal Ministero della giustizia, nella particolare area generata e riservata tal fine, area collegata al codice fiscale del destinatario e da questi accessibile, evidentemente con un sistema di identificazione. La notificazione si ha per eseguita decorsi dieci giorni dal momento in cui l'inserimento è effettuato o, se antecedente, dal momento in cui il destinatario accede a tale area.

Il problema che la riforma non risolve espressamente, riguarda l'individuazione delle fattispecie, che integrano, in caso di mancata notificazione, una causa imputabile al destinatario. La questione principale riguarda il caso di casella di posta non attiva o non capiente.

La relazione afferma che in questi casi si verifica una causa imputabile al destinatario. Ma la giurisprudenza non è univoca. Nel senso che sia onere del titolare della casella pec di verificarne il corretto funzionamento: ad es., per l'ipotesi che la mail sia finita nella posta indesiderata (Cass. 15 marzo 2023, n. 7510); oppure che la casella risulti inibita alla ricezione (Cass. 20 settembre 2021, n. 25426; ma *contra* Cass. 17 luglio 2020, n. 15298).

Di recente, la Corte di Cassazione (Cass. 5 novembre 2024, n. 28452) ha affermato che, fino all'avvenuta attivazione dell'area riservata di cui al comma 7, anche nel caso di omesso rilascio della ricevuta di consegna per causa imputabile al destinatario occorre procedere alla notificazione con le altre modalità previste.

Con nota del 14 novembre 2024, il Ministero della Giustizia ha comunicato l'avvenuta attivazione del portale dedicato al deposito delle notifiche non andate a buon fine per causa imputabile al destinatario.

Art. 163

2. Al libro secondo, titolo I del codice di procedura civile sono apportate le seguenti modificazioni:

a) all'articolo 163, terzo comma, numero 2), dopo le parole «o la dimora» sono inserite le seguenti: «nonché l'indirizzo di posta elettronica certificata risultante da pubblici elenchi»;

Art. 163. Contenuto della citazione

[I]. La domanda si propone mediante citazione a comparire a udienza fissa.

[II]. Il presidente del tribunale stabilisce al principio dell'anno giudiziario, con decreto approvato dal primo presidente della corte di appello, i giorni della settimana e le ore delle udienze destinate esclusivamente alla prima comparizione delle parti.

[III]. L'atto di citazione deve contenere:

1) l'indicazione del tribunale davanti al quale la domanda è proposta;

2) il nome, il cognome, la residenza e il codice fiscale dell'attore, il nome, il cognome, il codice fiscale, la residenza o il domicilio o la dimora **nonché l'indirizzo di posta elettronica certificata risultante da pubblici elenchi** del convenuto e delle persone che rispettivamente li rappresentano o li assistono. Se attore o convenuto è una persona giuridica, un'associazione non riconosciuta o un comitato, la citazione deve contenere la denominazione o la ditta, con l'indicazione dell'organo o ufficio che ne ha la rappresentanza in giudizio;

3) la determinazione della cosa oggetto della domanda;

3-bis) l'indicazione, nei casi in cui la domanda è soggetta a condizione di procedibilità, dell'assolvimento degli oneri previsti per il suo superamento;

4) l'esposizione in modo chiaro e specifico dei fatti e degli elementi di diritto costituenti le ragioni della domanda, con le relative conclusioni;

5) l'indicazione specifica dei mezzi di prova dei quali l'attore intende valersi e in particolare dei documenti che offre in comunicazione;

6) il nome e il cognome del procuratore e l'indicazione della procura, qualora questa sia stata già rilasciata;

7) l'indicazione del giorno dell'udienza di comparizione; l'invito al convenuto a costituirsi nel termine di settanta giorni prima dell'udienza indicata ai sensi e nelle forme stabilite dall'articolo 166 e a comparire, nell'udienza indicata, dinanzi al giudice designato ai sensi dell'articolo 168-*bis*, con l'avvertimento che la costituzione oltre i suddetti termini implica le decadenze di cui agli articoli 38 e 167, che la difesa tecnica mediante avvocato è obbligatoria in tutti i giudizi davanti al tribunale, fatta eccezione per i casi previsti dall'articolo 86 o da leggi spe-

ciali, e che la parte, sussistendone i presupposti di legge, può presentare istanza per l'ammissione al patrocinio a spese dello Stato.

[IV]. L'atto di citazione, sottoscritto a norma dell'articolo 125, è consegnato dalla parte o dal procuratore all'ufficiale giudiziario, il quale lo notifica a norma degli articoli 137 e seguenti.

Diritto intertemporale: la disposizione si applica ai procedimenti introdotti successivamente al 28 febbraio 2023.

Commento

La norma in esame integra le indicazioni relative al convenuto, da inserire nell'atto di citazione, con l'indirizzo pec dello stesso. La modifica è coerente con l'obbligo, sia per l'ufficiale giudiziario sia per il legale, di utilizzare la pec per le notifiche.

Art. 163-*bis*

2. Al libro secondo, titolo I del codice di procedura civile sono apportate le seguenti modificazioni:

b) all'articolo 163-*bis*, terzo comma:

1) al secondo periodo, le parole «almeno cinque giorni liberi» sono sostituite dalle seguenti: «almeno novanta giorni liberi»;

2) all'ultimo periodo, le parole «decorrono dall'udienza» sono sostituite dalle seguenti: «decorrono rispetto all'udienza»;

Art. 163-*bis*. Termini per comparire

[I]. Tra il giorno della notificazione della citazione e quello dell'udienza di comparizione debbono intercorrere termini liberi non minori di centoventi giorni se il luogo della notificazione si trova in Italia e di centocinquanta giorni se si trova all'estero.

[II]. Se il termine assegnato dall'attore ecceda il minimo indicato dal primo comma, il convenuto, costituendosi prima della scadenza del termine minimo, può chiedere al presidente del tribunale che, sempre osservata la misura di quest'ultimo termine, l'udienza per la comparizione delle parti sia fissata con congruo anticipo su quella indicata dall'attore. Il presidente provvede con decreto, che deve essere comunicato dal cancelliere all'attore, **almeno novanta giorni liberi** prima dell'udienza fissata dal presidente. In questo caso i termini di cui all'articolo 171-*ter* **decorrono rispetto dall'udienza** così fissata.

Diritto intertemporale: la disposizione si applica ai procedimenti introdotti successivamente al 28 febbraio 2023.

Commento

La norma in commento contiene due novità.

La prima corregge un errore di coordinamento, derivante da ciò, che il termine per comunicare all'attore l'avvenuta anticipazione della prima udienza era rimasto quello di cinque giorni prima della stessa. Tale termine è ovviamente incompatibile con le attività di cui all'art. 171-*ter* c.p.c.

La seconda contiene una precisazione terminologica, volta a rendere indiscutibile che i termini ivi indicati decorrono a ritroso.

Art. 165

2. Al libro secondo, titolo I del codice di procedura civile sono apportate le seguenti modificazioni:

c) All'articolo 165, primo comma:

1) le parole «depositando la nota d'iscrizione a ruolo e il proprio fascicolo contenente l'originale» sono sostituite dalle seguenti: «iscrivendo la causa a ruolo e depositando l'originale»;

2) dopo le parole «o indicare l'indirizzo» sono inserite le seguenti: «di posta elettronica certificata risultante da pubblici elenchi o eleggere un domicilio digitale speciale»;

Art. 165. Costituzione dell'attore.

[I]. L'attore, entro dieci giorni dalla notificazione della citazione al convenuto, deve costituirsi in giudizio a mezzo del procuratore, o personalmente nei casi consentiti dalla legge, **iscrivendo la causa a ruolo e depositando l'originale** della citazione, la procura e i documenti offerti in comunicazione. Se si costituisce personalmente, deve dichiarare la residenza o eleggere domicilio nel comune ove ha sede il tribunale o indicare l'indirizzo **di posta elettronica certificata risultante da pubblici elenchi o eleggere un domicilio digitale speciale** presso cui ricevere le comunicazioni e notificazioni anche in forma telematica.

[II]. Se la citazione è notificata a più persone, l'originale della citazione deve essere inserito nel fascicolo entro dieci giorni dall'ultima notificazione.

Diritto intertemporale: la disposizione si applica ai procedimenti introdotti successivamente al 28 febbraio 2023.

Commento

La norma in commento contiene due modificazioni.

La prima elimina la nota di iscrizione a ruolo ed il riferimento alla cancelleria. Nel processo informatico la nota di iscrizione a ruolo è sostituita dalla compilazione di quanto richiesto all'atto del deposito nel fascicolo. Si noti, poi, che se la citazione è notificata per pec, essa è depositata necessariamente in originale, perché ogni duplicato dell'atto informatico è esso stesso un originale. Se, invece, la notificazione è effettuata in cartaceo, ciò che viene depositata è la copia informatica per immagine della stessa.

La seconda modifica riguarda la costituzione personale della parte, nel qual caso la dichiarazione di residenza o l'elezione di domicilio nel comune ove ha sede l'ufficio giudiziario può essere sostituita dall'indicazione di un indirizzo pec risultante da pubblici registri, oppure di un domicilio digitale speciale, ai sensi dell'art. 3-*bis*, comma 1-*bis* del codice dell'amministrazione digitale ("1-*bis*. Fermo restando quanto previsto al comma 1, chiunque ha facoltà di eleggere o modificare il proprio domicilio digitale da iscrivere nell'elenco di cui all'articolo 6-*quater*".).

Art. 168

2. Al libro secondo, titolo I del codice di procedura civile sono apportate le seguenti modificazioni:

d) all'articolo 168:

1) al primo comma, le parole «su presentazione della nota d'iscrizione a ruolo» sono soppresse;

2) il secondo comma è sostituito dal seguente:

«Contemporaneamente il cancelliere forma il fascicolo informatico d'ufficio, il quale contiene l'atto di citazione, le ricevute di pagamento del contributo unificato, le comparse, le memorie e, successivamente, i processi verbali d'udienza, i provvedimenti del giudice, gli atti di istruzione e le sentenze pronunciate.»;

Art. 168. Iscrizione della causa a ruolo e formazione del fascicolo d'ufficio

[I]. All'atto della costituzione dell'attore, o, se questi non si è costituito, all'atto della costituzione del convenuto, il cancelliere iscrive la causa nel ruolo generale.

[II]. **Contemporaneamente il cancelliere forma il fascicolo informatico d'ufficio, il quale contiene l'atto di citazione, le ricevute di pagamento del contributo unificato, le comparse, le memorie e, successivamente, i processi verbali d'udienza, i provvedimenti del giudice, gli atti di istruzione e le sentenze pronunciate.**

Diritto intertemporale: la disposizione si applica ai procedimenti introdotti successivamente al 28 febbraio 2023.

Commento

La norma in commento modifica la disciplina dell'iscrizione a ruolo, a seguito dell'introduzione del processo telematico.

Al comma 1 viene eliminato il riferimento alla nota di iscrizione a ruolo, come atto autonomo, poiché essa è necessariamente compilata al momento del deposito degli atti e documenti.

Al comma 2 rilevante è la previsione, in virtù della quale nel fascicolo informatico sono inserite le sentenze per esteso, e non solo i dispositivi delle stesse.

Art. 169

2. Al libro secondo, titolo I del codice di procedura civile sono apportate le seguenti modificazioni:

e) all'articolo 169:

1) al primo comma, le parole «il proprio fascicolo» sono soppresse, e dopo le parole «dalla cancelleria» sono inseritele seguenti: «il fascicolo cartaceo da essa eventualmente depositato»;

2) al secondo comma, dopo le parole «il fascicolo» è inserita la seguente: «cartaceo»;

Art. 169. Ritiro dei fascicoli di parte

[I]. Ciascuna parte può ottenere dal giudice istruttore l'autorizzazione di ritirare dalla cancelleria **il fascicolo cartaceo da essa eventualmente depositato**; ma il fascicolo deve essere di nuovo depositato ogni volta che il giudice lo disponga.

[II]. Ciascuna parte ha la facoltà di ritirare il fascicolo **cartaceo** all'atto della rimessione della causa al collegio a norma dell'articolo 189, ma deve restituirlo al più tardi al momento del deposito della comparsa conclusionale.

Diritto intertemporale: la disposizione si applica ai procedimenti introdotti successivamente al 28 febbraio 2023.

Commento

La norma in commento prende atto del fatto che, nel processo telematico, in linea di principio il fascicolo di parte cartaceo non esiste più; solo eccezionalmente possono essere acquisiti al processo atti non digitali.

Ciò comporta che la facoltà di ritirare il proprio fascicolo è limitata ai casi eccezionali in cui esso ha dimensione analogica; in ogni altro caso, gli atti e documenti restano definitivamente acquisiti al fascicolo di ufficio, e non è possibile che essi, una volta prodotti, siano ritirati.

Salvo i casi in cui vi sia un fascicolo cartaceo, vengono quindi meno tutte le problematiche relative ai fascicoli di parte ritirati e non restituiti, su cui v. da ultimo Cass., s. u., 16 febbraio 2023, n. 4835.

Art. 170

2. Al libro secondo, titolo I del codice di procedura civile sono apportate le seguenti modificazioni:

f) all'articolo 170:

1) al terzo comma, dopo le parole «si fanno» sono inserite le seguenti: «all'indirizzo di posta elettronica certificata risultante da pubblici elenchi o al domicilio digitale speciale indicato o, in mancanza,»;

2) il quarto comma è sostituito dal seguente:

«Le comparse e le memorie consentite dal giudice si comunicano mediante deposito oppure mediante notificazione all'indirizzo di posta elettronica certificata risultante da pubblici elenchi o eletto come domicilio digitale speciale.»;

Art. 170. Notificazioni e comunicazioni nel corso del procedimento.

[I]. Dopo la costituzione in giudizio tutte le notificazioni e le comunicazioni si fanno al procuratore costituito, salvo che la legge disponga altrimenti.

[II]. È sufficiente la consegna di una sola copia dell'atto, anche se il procuratore è costituito per più parti.

[III]. Le notificazioni e le comunicazioni alla parte che si è costituita personalmente si fanno **all'indirizzo di posta elettronica certificata risultante da pubblici elenchi o al domicilio digitale speciale indicato o, in mancanza,** nella residenza dichiarata o nel domicilio eletto.

[IV]. **Le comparse e le memorie consentite dal giudice si comunicano mediante deposito oppure mediante notificazione all'indirizzo di posta elettronica certificata risultante da pubblici elenchi o eletto come domicilio digitale speciale.**

Diritto intertemporale: la disposizione si applica ai procedimenti introdotti successivamente al 28 febbraio 2023.

Commento

La norma in commento prosegue nell'adattamento della disciplina processuale al processo telematico.

Il comma 3 prevede, come regola generale, che le notificazioni e comunicazioni alla parte che si è costituita personalmente siano fatte anzitutto attraverso pec, e solo subordinatamente alla residenza dichiarata o al domicilio eletto.

Il comma 4, oltre a prevedere la notificazione a mezzo pec, elimina la possibilità che la comunicazione abbia luogo mediante scambio documentato dal visto apposto sull'originale, poiché ciò non è materialmente possibile su un documento informatico.

Art. 171

2. Al libro secondo, titolo I del codice di procedura civile sono apportate le seguenti modificazioni:

g) all'articolo 171, terzo comma, le parole «con ordinanza del giudice istruttore» sono sostituite dalle seguenti: «dal giudice istruttore con il decreto di cui all'articolo 171-*bis*»;

Art. 171. Ritardata costituzione delle parti.

[I]. Se nessuna delle parti si costituisce nei termini stabiliti, si applicano le disposizioni dell'articolo 307, primo e secondo comma.

[II]. Se una delle parti si è costituita entro il termine rispettivamente a lei assegnato, l'altra parte può costituirsi successivamente, ma restano ferme per il convenuto le decadenze di cui all'articolo 167.

[III]. La parte che non si costituisce neppure entro il termine di cui all'articolo 166 è dichiarata contumace **dal giudice istruttore con il decreto di cui all'articolo 171-*bis***, salva la disposizione dell'articolo 291.

Diritto intertemporale: la disposizione si applica ai procedimenti introdotti successivamente al 28 febbraio 2023.

Commento

La norma in commento – ovviamente applicabile solo al rito ordinario e non al rito semplificato né ai riti speciali – individua nel decreto di cui all'art. 171-*bis* c.p.c. l'atto con il quale è dichiarata la contumacia di una delle parti.

Art. 171-*bis*

2. Al libro secondo, titolo I del codice di procedura civile sono apportate le seguenti modificazioni:

h) l'articolo 171-*bis* è sostituito dal seguente:

171-*bis* (*Verifiche preliminari*). – Scaduto il termine di cui all'articolo 166, entro i successivi quindici giorni il giudice istruttore verifica d'ufficio la regolarità del contraddittorio.

Quando occorre, il giudice pronuncia i provvedimenti previsti dagli articoli 102, secondo comma, 107, 164, secondo, terzo, quinto e sesto comma, 167, secondo comma, 182, 269, secondo comma, 271, 291, primo comma, e 292, primo comma, e fissa nuova udienza per la comparizione delle parti. Almeno cinquantacinque giorni prima della nuova udienza di comparizione delle parti, il giudice procede nuovamente alle verifiche preliminari.

Quando non occorre pronunciare i provvedimenti previsti dal secondo comma, il giudice conferma o differisce, fino a un massimo di quarantacinque giorni, la data dell'udienza di comparizione delle parti e indica le questioni rilevabili d'ufficio di cui ritiene opportuna la trattazione nelle memorie integrative di cui all'articolo 171-*ter*, anche con riguardo alle condizioni di procedibilità della domanda.

Se ritiene che in relazione a tutte le domande proposte ricorrono i presupposti di cui al primo comma dell'articolo 281-*decies*, il giudice dispone la prosecuzione del processo nelle forme del rito semplificato di cognizione e fissa l'udienza di cui all'articolo 281-*duodecies* nonché il termine perentorio entro il quale le parti possono integrare gli atti introduttivi mediante deposito di memorie e documenti.

Il giudice istruttore provvede con decreto, che è comunicato alle parti costituite a cura della cancelleria. I termini di cui all'articolo 171-*ter* iniziano a decorrere quando è pronunciato il decreto previsto dal terzo comma e si computano rispetto all'udienza fissata nell'atto di citazione o a quella fissata dal giudice istruttore a norma del presente articolo.»;

Art. 171-*bis*. *Verifiche preliminari.*

[1]. Scaduto il termine di cui all'articolo 166, entro i successivi quindici giorni il giudice istruttore verifica d'ufficio la regolarità del contraddittorio.

[II]. Quando occorre, il giudice pronuncia i provvedimenti previsti dagli articoli 102, secondo comma, 107, 164, secondo, terzo, quinto e sesto comma, 167, secondo comma, 182, 269, secondo comma, 271, 291, primo comma, e 292, primo comma, e fissa nuova udienza per la comparizione delle parti. Almeno cinquantacinque giorni prima della nuova udienza di comparizione delle parti, il giudice procede nuovamente alle verifiche preliminari.

[III]. Quando non occorre pronunciare i provvedimenti previsti dal secondo comma, il giudice conferma o differisce, fino a un massimo di quarantacinque giorni, la data dell'udienza di comparizione delle parti e indica le questioni rilevabili d'ufficio di cui ritiene opportuna la trattazione nelle memorie integrative di cui all'articolo 171-*ter*, anche con riguardo alle condizioni di procedibilità della domanda.

[IV]. Se ritiene che in relazione a tutte le domande proposte ricorrono i presupposti di cui al primo comma dell'articolo 281-*decies*, il giudice dispone la prosecuzione del processo nelle forme del rito semplificato di cognizione e fissa l'udienza di cui all'articolo 281-*duodecies* nonché il termine perentorio entro il quale le parti possono integrare gli atti introduttivi mediante deposito di memorie e documenti.

[V]. Il giudice istruttore provvede con decreto, che è comunicato alle parti costituite a cura della cancelleria. I termini di cui all'articolo 171-*ter* iniziano a decorrere quando è pronunciato il decreto previsto dal terzo comma e si computano rispetto all'udienza fissata nell'atto di citazione o a quella fissata dal giudice istruttore a norma del presente articolo.

Diritto intertemporale: la disposizione si applica ai procedimenti introdotti successivamente al 28 febbraio 2023.

Commento

§ 1. La norma in commento costituisce una delle maggiori novità del correttivo. Andiamo per ordine, individuando le differenze rispetto alla disciplina previgente.

La prima novità riguarda le fattispecie in cui il giudice interviene. Il mancato richiamo, precedentemente previsto, all'art. 171, comma 3, c.p.c., non ha portata innovativa, in quanto ora è lo stesso art. 171, comma 3, c.p.c. a stabilire che l'eventuale contumacia è dichiarata con il decreto, di cui alla norma in esame.

Viene poi specificato che le fattispecie di cui agli artt. 291 e 292 c.p.c. sono quelle di cui al comma 1 di dette norme. Si tratta di precisazione corretta, poiché un intervento del giudice è previsto appunto solo dai primi commi dei due articoli.

Ancora: fra le fattispecie è stata inserita anche quella di cui all'art. 271 c.p.c., che disciplina la costituzione del terzo chiamato. Quindi la chiamata di un altro terzo ad opera del chiamato in causa deve essere autorizzata, con le medesime modalità, attraverso il decreto di cui alla norma in commento, anziché alla successiva udienza di prima comparizione.

Infine, quando il giudice pronuncia uno dei provvedimenti di cui al comma 2, deve verificare, almeno cinquantacinque giorni prima della nuova udienza, che non vi sia necessità di un nuovo intervento "correttivo": ad esempio, che non vi sia un vizio nell'atto di citazione del terzo chiamato, o che il terzo chiamato non abbia a sua volta chiesto l'autorizzazione ad un ulteriore chiamata in causa.

§ 2. Una seconda modifica di rilievo riguarda la possibilità di anticipare in questa fase del processo il mutamento del rito da ordinario a semplificato.

In precedenza, ciò poteva avvenire solo alla prima udienza, quando oramai la fase introduttiva del rito ordinario si era completamente svolta, sicché – considerata la identità di svolgimento dell'istruttoria nel processo ordinario e in quello semplificato – l'unica conseguenza era la necessaria pronuncia della sentenza ai sensi dell'art. 281-*sexies* c.p.c.: poca cosa, quindi. Ora, invece, potendosi convertire in rito da ordinario a esemplificato prima del deposito delle memorie di cui all'art. 171-*ter* c.p.c., il mutamento ha un significato.

Si noti che il provvedimento di mutamento del rito non è più dichiarato non impugnabile, come quello di cui all'abrogato art. 183-*bis* c.p.c.: sicché nel prosieguo del processo il giudice potrebbe anche disporre il ritorno al rito ordinario, quantunque ciò – come appena visto – comporti modifiche di poco rilievo.

La nuova disposizione prevede che, ove sia modificato il rito, il giudice assegna alle parti un termine perentorio per "integrare gli atti introduttivi mediante deposito di memorie e documenti". Senonché, non è chiaro in cosa consista questa "integrazione", e soprattutto se essa produca una qualche preclusione rispetto a quanto previsto all'art. 281-*duodecies* c.p.c. In altri termini: quando si giunge alla prima udienza del processo semplificato a seguito del mutamento di rito, questa udienza ha una disciplina diversa da quella che ha quando il processo è stato introdotto come semplificato?

§ 3. L'ultima, importante modifica è contenuta nell'ultimo comma della norma in commento, laddove si prevede che i termini di cui all'art. 171-*ter* c.p.c. iniziano a decorrere dalla pronuncia [*rectius*, comunicazione] decreto con il quale il giudice, ai sensi del comma 3, conferma o differisce la data dell'udienza di comparizione fissata in citazione.

Il legislatore, quindi, ha chiarito – a fronte di alcune prassi giurisprudenziali contrarie – che il decreto di cui al comma 3 della norma in esame deve sempre essere pronunciato, anche quando non vi è un differimento della prima udienza.

§ 4. Il correttivo non prende posizione su quanto stabilito dalla Corte cost. con la nota sentenza 3 giugno 2024, n. 96, secondo la quale non è corretto che provvedimenti, i quali impongono di compiere certe attività entro un termine perentorio a pena di estinzione del processo, siano pronunciati senza il rispetto del principio del contraddittorio. Ne consegue che il termine, relativo al compimento di quelle attività, avrà portata perentoria solo quando il provvedimento in questione sarà pronunciato dopo aver sentito le parti. Ciò che può accadere o perché il giudice fissa un'udienza apposita, oppure alla prima udienza.

Art. 171-*ter*

2. Al libro secondo, titolo I del codice di procedura civile sono apportate le seguenti modificazioni:

i) all'articolo 171-ter, primo comma, numero 2), dopo le parole «conseguenza delle domande» sono inserite le seguenti: «o delle eccezioni»;

Art. 171-*ter*. Memorie integrative.

[I]. Le parti, a pena di decadenza, con memorie integrative possono:

1) almeno quaranta giorni prima dell'udienza di cui all'articolo 183, proporre le domande e le eccezioni che sono conseguenza della domanda riconvenzionale o delle eccezioni proposte dal convenuto o dal terzo, nonché precisare o modificare le domande, eccezioni e conclusioni già proposte. Con la stessa memoria l'attore può chiedere di essere autorizzato a chiamare in causa un terzo, se l'esigenza è sorta a seguito delle difese svolte dal convenuto nella comparsa di risposta;

2) almeno venti giorni prima dell'udienza, replicare alle domande e alle eccezioni nuove o modificate dalle altre parti, proporre le eccezioni che sono conseguenza delle domande **o delle eccezioni** nuove da queste formulate nella memoria di cui al numero 1), nonché indicare i mezzi di prova ed effettuare le produzioni documentali;

3) almeno dieci giorni prima dell'udienza, replicare alle eccezioni nuove e indicare la prova contraria.

Diritto intertemporale: la disposizione si applica ai procedimenti introdotti successivamente al 28 febbraio 2023.

Commento

La norma in commento integra il contenuto della seconda memoria, richiamando, con riferimento alle novità contenute nella prima memoria, non solo le domande, ma anche le eccezioni.

Si tratta di precisazione ovviamente opportuna, ma non esaustiva.

In realtà, il principio del contraddittorio impone il diritto di replicare ad ogni novità introdotta in giudizio dalla controparte o dal giudice, sia essa un'allegazione, una prova, o una questione rilevata di ufficio, o dalla parte.

Quindi, una categorizzazione delle novità che consentono ed impongono di attuare il contraddittorio deve essere considerata come esemplificativa, e non come esaustiva.

Art. 178

2. Al libro secondo, titolo I del codice di procedura civile sono apportate le seguenti modificazioni:

l) all'articolo 178, quinto comma, secondo periodo, le parole «con decreto, in calce, del giudice istruttore,» sono sostituite dalle seguenti: «con il decreto del giudice istruttore»;

Art. 178. Controllo del collegio sulle ordinanze.

[I]. Le parti, senza bisogno di mezzi d'impugnazione, possono proporre al collegio, quando la causa è rimessa a questo a norma dell'articolo 189, tutte le questioni risolute dal giudice istruttore con ordinanza revocabile.

[II]. L'ordinanza del giudice istruttore, che non operi in funzione di giudice unico, quando dichiara l'estinzione del processo è impugnabile dalle parti con reclamo immediato al collegio.

[III]. Il reclamo deve essere proposto nel termine perentorio di dieci giorni, decorrente dalla pronuncia della ordinanza se avvenuta in udienza, o altrimenti decorrente dalla comunicazione dell'ordinanza medesima.

[IV]. Il reclamo è presentato con semplice dichiarazione nel verbale d'udienza, o con ricorso al giudice istruttore.

[V]. Se il reclamo è presentato in udienza, il giudice assegna nella stessa udienza, ove le parti lo richiedano, il termine per la comunicazione di una memoria, e quello successivo per la comunicazione di una replica. Se il reclamo è proposto con ricorso, questo è comunicato a mezzo della cancelleria alle altre parti, insieme **con il decreto del giudice istruttore**, che assegna un termine per la comunicazione dell'eventuale memoria di risposta. Scaduti tali termini, il collegio provvede entro i quindici giorni successivi.

Diritto intertemporale: la disposizione si applica ai procedimenti introdotti successivamente al 28 febbraio 2023.

Commento

La norma in commento prende atto che, nel processo telematico, non è possibile intervenire su un atto digitale già formato. Pertanto, tutti gli interventi del giudice "in calce" ad un atto di parte devono essere sostituiti da un autonomo atto (informatico) del giudice stesso.

Art. 183

2. Al libro secondo, titolo I del codice di procedura civile sono apportate le seguenti modificazioni:

m) all'articolo 183, quarto comma, le parole «sino a quella» sono sostituite dalle seguenti «inclusa quella»;

Art. 183. Prima comparizione delle parti e trattazione della causa.

[I]. All'udienza fissata per la prima comparizione e la trattazione le parti devono comparire personalmente. La mancata comparizione delle parti senza giustificato motivo costituisce comportamento valutabile ai sensi dell'articolo 116, secondo comma.

[II]. Salva l'applicazione dell'articolo 187, il giudice, se autorizza l'attore a chiamare in causa un terzo, fissa una nuova udienza a norma dell'articolo 269, terzo comma.

[III]. Il giudice interroga liberamente le parti, richiedendo, sulla base dei fatti allegati, i chiarimenti necessari e tenta la conciliazione a norma dell'articolo 185.

[IV]. Se non provvede ai sensi del secondo comma il giudice provvede sulle richieste istruttorie e, tenuto conto della natura, dell'urgenza e della complessità della causa, predispone, con ordinanza, il calendario delle udienze successive **inclusa quella** di rimessione della causa in decisione, indicando gli incombenti che verranno espletati in ciascuna di esse. L'udienza per l'assunzione dei mezzi di prova ammessi è fissata entro novanta giorni. Se l'ordinanza di cui al primo periodo è emanata fuori udienza, deve essere pronunciata entro trenta giorni.

[V]. Se con l'ordinanza di cui al quarto comma vengono disposti d'ufficio mezzi di prova, ciascuna parte può dedurre, entro un termine perentorio assegnato dal giudice con la medesima ordinanza, i mezzi di prova che si rendono necessari in relazione ai primi, nonché depositare memoria di replica nell'ulteriore termine perentorio parimenti assegnato dal giudice, che si riserva di provvedere a norma del quarto comma ultimo periodo.

Diritto intertemporale: la disposizione si applica ai procedimenti introdotti successivamente al 28 febbraio 2023.

Commento

La norma in commento estende il c.d. calendario del processo all'udienza di rimessione della causa in decisione.

Nobile, ma fantasiosa previsione. In ogni processo c'è necessariamente un momento in cui il giudice pianifica i tempi della decisione, siano essi – come volta per volta è stato – la rimessione in decisione o la precisazione delle conclusioni. Orbene, ipotizzare che fin dalla prima udienza il giudice possa stabilire il calendario delle proprie future sentenze è poco realistico.

Art. 183-*bis*

2. Al libro secondo, titolo I del codice di procedura civile sono apportate le seguenti modificazioni:

n) l'articolo 183-*bis* è abrogato;

Diritto intertemporale: la disposizione si applica ai procedimenti introdotti successivamente al 28 febbraio 2023.

Commento

La norma in commento abroga l'art. 183-*bis* c.p.c. in quanto il passaggio dal rito ordinario al rito semplificato ora ha luogo con il decreto di cui all'art. 171-*bis* c.p.c., e non più alla prima udienza.

Art. 183-*ter*

2. Al libro secondo, titolo I del codice di procedura civile sono apportate le seguenti modificazioni:

o) all'articolo 183-*ter*, quarto comma, le parole «definisce il giudizio e non è ulteriormente impugnabile» sono sostituite dalle seguenti: «definisce il giudizio, non è ulteriormente impugnabile e costituisce titolo per l'iscrizione dell'ipoteca giudiziale»;

Art. 183-*ter*. Ordinanza di accoglimento della domanda.

[I]. Nelle controversie di competenza del tribunale aventi ad oggetto diritti disponibili il giudice, su istanza di parte, nel corso del giudizio di primo grado può pronunciare ordinanza di accoglimento della domanda quando i fatti costitutivi sono provati e le difese della controparte appaiono manifestamente infondate.

[II]. In caso di pluralità di domande l'ordinanza può essere pronunciata solo se tali presupposti ricorrono per tutte.

[III]. L'ordinanza di accoglimento è provvisoriamente esecutiva, è reclamabile ai sensi dell'articolo 669-terdecies e non acquista efficacia di giudicato ai sensi dell'articolo 2909 del codice civile, né la sua autorità può essere invocata in altri processi. Con la stessa ordinanza il giudice liquida le spese di lite.

[IV]. L'ordinanza di cui al secondo comma, se non è reclamata o se il reclamo è respinto, **definisce il giudizio, non è ulteriormente impugnabile e costituisce titolo per l'iscrizione dell'ipoteca giudiziale.**

[V]. In caso di accoglimento del reclamo, il giudizio prosegue innanzi a un magistrato diverso da quello che ha emesso l'ordinanza reclamata.

Diritto intertemporale: In deroga all'art. 35, comma 1, del d.lgs. 10 ottobre 2022, n. 149, le disposizioni di cui all'art. 183-*ter* c.p.c., come modificato dal d.lgs. n. 149/2022 e dal presente decreto, si applicano anche ai procedimenti già pendenti alla data del 28 febbraio 2023.

Commento

La norma in commento precisa che l'ordinanza di cui all'art. 183-*ter* c.p.c. è titolo idoneo per l'iscrizione di ipoteca giudiziale. Si tratta di precisazione ovvia, ma non superflua dato il formalismo delle conservatorie.

Art. 186-*quater*

2. Al libro secondo, titolo I del codice di procedura civile sono apportate le seguenti modificazioni:

p) all'articolo 186-*quater*, quarto comma, le parole «in cancelleria» sono soppresse;

Art. 186-*quater*. Ordinanza successiva alla chiusura dell'istruzione.

[I]. Esaurita l'istruzione, il giudice istruttore, su istanza della parte che ha proposto domanda di condanna al pagamento di somme ovvero alla consegna o al rilascio di beni, può disporre con ordinanza il pagamento ovvero la consegna o il rilascio, nei limiti per cui ritiene già raggiunta la prova. Con l'ordinanza il giudice provvede sulle spese processuali.

[II]. L'ordinanza è titolo esecutivo. Essa è revocabile con la sentenza che definisce il giudizio.

[III]. Se dopo la pronuncia dell'ordinanza, il processo si estingue, l'ordinanza acquista l'efficacia della sentenza impugnabile sull'oggetto dell'istanza.

[IV]. L'ordinanza acquista l'efficacia della sentenza impugnabile sull'oggetto dell'istanza se la parte intimata non manifesta entro trenta giorni dalla sua pronuncia in udienza o dalla comunicazione, con ricorso notificato all'altra parte e depositato, la volontà che sia pronunciata la sentenza.

Diritto intertemporale: In deroga all'art. 35, comma 1, del d.lgs. 10 ottobre 2022, n. 149, le disposizioni di cui all'art. 183-*quater* c.p.c., come modificato dal d.lgs. n. 149/2022 e dal presente decreto, si applicano anche ai procedimenti già pendenti alla data del 28 febbraio 2023.

Commento

La norma in commento, adattando il rito al processo telematico, stabilisce che il ricorso, con il quale la parte intimata chiede che sia pronunciata sentenza, sia depositato nel fascicolo informatico e non in cancelleria.

Art. 192

2. Al libro secondo, titolo I del codice di procedura civile sono apportate le seguenti modificazioni:

q) all'articolo 192, secondo comma, le parole «nella cancelleria» sono soppresse;

Art. 192. Astensione e ricusazione del consulente.

[I]. L'ordinanza è notificata al consulente tecnico a cura del cancelliere, con invito a comparire all'udienza fissata dal giudice.

[II]. Il consulente che non ritiene di accettare l'incarico o quello che, obbligato a prestare il suo ufficio, intende astenersi, deve farne denuncia o istanza al giudice che l'ha nominato almeno tre giorni prima dell'udienza di comparizione; nello stesso termine le parti debbono proporre le loro istanze di ricusazione, depositando ricorso al giudice istruttore.

[III]. Questi provvede con ordinanza non impugnabile.

Diritto intertemporale: la disposizione si applica ai procedimenti introdotti successivamente al 28 febbraio 2023.

Commento

La norma in commento, adattando il rito al processo telematico, stabilisce che il ricorso, con il quale le parti propongono l'istanza di ricusazione del consulente tecnico, sia depositato nel fascicolo informatico e non in cancelleria.

Art. 195

2. Al libro secondo, titolo I del codice di procedura civile sono apportate le seguenti modificazioni:

r) all'articolo 195, terzo comma, le parole «in cancelleria» sono soppresse;

Art. 195. Processo verbale e relazione.

[I]. Delle indagini del consulente si forma processo verbale, quando sono compiute con l'intervento del giudice istruttore, ma questi può anche disporre che il consulente rediga relazione scritta.

[II]. Se le indagini sono compiute senza l'intervento del giudice, il consulente deve farne relazione, nella quale inserisce anche le osservazioni e le istanze delle parti.

[III]. La relazione deve essere trasmessa dal consulente alle parti costituite nel termine stabilito dal giudice con ordinanza resa all'udienza di cui all'articolo 193. Con la medesima ordinanza il giudice fissa il termine entro il quale le parti devono trasmettere al consulente le proprie osservazioni sulla relazione e il termine, anteriore alla successiva udienza, entro il quale il consulente deve depositare la relazione, le osservazioni delle parti e una sintetica valutazione sulle stesse.

Diritto intertemporale: la disposizione si applica ai procedimenti introdotti successivamente al 28 febbraio 2023.

Commento

La norma in commento, adattando il rito al processo telematico, stabilisce che la relazione del consulente tecnico sia inserita nel fascicolo informatico e non depositata in cancelleria.

Art. 200

2. Al libro secondo, titolo I del codice di procedura civile sono apportate le seguenti modificazioni:

s) all'articolo 200, primo comma, le parole «in cancelleria» sono soppresse;

Art. 200. Mancata conciliazione.

[I]. Se la conciliazione delle parti non riesce, il consulente espone i risultati delle indagini compiute e il suo parere in una relazione, che deposita nel termine fissato dal giudice istruttore.

[II]. Le dichiarazioni delle parti, riportate dal consulente nella relazione, possono essere valutate dal giudice a norma dell'articolo 116, secondo comma.

Diritto intertemporale: la disposizione si applica ai procedimenti introdotti successivamente al 28 febbraio 2023.

Commento

La norma in commento, adattando il rito al processo telematico, stabilisce che la relazione del consulente tecnico sia depositata nel fascicolo informatico e non in cancelleria.

Art. 201

2. Al libro secondo, titolo I del codice di procedura civile sono apportate le seguenti modificazioni:

t) all'articolo 201, primo comma, le parole «possono nominare, con dichiarazione ricevuta dal cancelliere, un loro consulente tecnico» sono sostituite dalle seguenti: «possono depositare la dichiarazione di nomina di un loro consulente tecnico»;

Art. 201. Consulente tecnico di parte.

[I]. Il giudice istruttore, con l'ordinanza di nomina del consulente [1911], assegna alle parti un termine entro il quale **possono depositare la dichiarazione di nomina di un loro consulente tecnico.**

[II]. Il consulente della parte, oltre ad assistere a norma dell'articolo 194 alle operazioni del consulente del giudice, partecipa all'udienza e alla camera di consiglio ogni volta che vi interviene il consulente del giudice, per chiarire e svolgere, con l'autorizzazione del presidente, le sue osservazioni sui risultati delle indagini tecniche.

Diritto intertemporale: la disposizione si applica ai procedimenti introdotti successivamente al 28 febbraio 2023.

Commento

La norma in commento, adattando il rito al processo telematico, stabilisce che l'atto di nomina del consulente tecnico di parte sia depositato nel fascicolo informatico e non in cancelleria.

Art. 250

2. Al libro secondo, titolo I del codice di procedura civile sono apportate le seguenti modificazioni:

u) all'articolo 250:

1) al secondo comma, dopo le parole «servizio postale» sono inserite le parole «o posta elettronica certificata all'indirizzo risultante da pubblici elenchi»;

2) al terzo comma, le parole «o a mezzo telefax» sono sostituite dalle seguenti: «all'indirizzo risultante da pubblici elenchi»;

3) il quarto comma è sostituito dal seguente:

«Il difensore deposita copia dell'atto inviato e dell'avviso di ricevimento o la ricevuta di avvenuta consegna.»;

Art. 250. Intimazione ai testimoni.

[I]. L'ufficiale giudiziario, su richiesta della parte interessata, intima ai testimoni ammessi dal giudice istruttore di comparire nel luogo, nel giorno e nell'ora fissati, indicando il giudice che assume la prova e la causa nella quale debbono essere sentiti.

[II]. L'intimazione di cui al primo comma, se non è eseguita in mani proprie del destinatario o mediante servizio postale **o posta elettronica certificata all'indirizzo risultante da pubblici elenchi**, è effettuata in busta chiusa e sigillata.

[III]. L'intimazione al testimone ammesso su richiesta delle parti private a comparire in udienza può essere effettuata dal difensore attraverso l'invio di copia dell'atto mediante lettera raccomandata con avviso di ricevimento o a mezzo posta elettronica certificata **all'indirizzo risultante da pubblici elenchi**.

[IV]. **Il difensore deposita copia dell'atto inviato e dell'avviso di ricevimento o la ricevuta di avvenuta consegna.**

Diritto intertemporale: la disposizione si applica ai procedimenti introdotti successivamente al 28 febbraio 2023.

Commento

La norma in commento prosegue l'adattamento del rito al processo telematico.

Al comma 2 è eliminata la possibilità di consegna a mezzo telefax, poiché questa forma di trasmissione è oramai desueta.

Viene invece introdotta la possibilità che l'intimazione sia trasmessa a mezzo pec, se l'indirizzo del destinatario è ricavabile da pubblici elenchi.

Infine, al comma 4 si sostituisce il deposito in cancelleria con l'inserimento nel fascicolo informatico della causa.

Art. 257-*bis*

2. Al libro secondo, titolo I del codice di procedura civile sono apportate le seguenti modificazioni:

v) all'articolo 257-*bis*:

1) al quarto comma, le parole «, che spedisce in busta chiusa con plico raccomandato o consegna alla cancelleria del giudice» sono sostituite dalle seguenti: «o apponendo al documento informatico la propria firma digitale e la trasmette al difensore, il quale la deposita nel fascicolo d'ufficio»;

2) al sesto comma, le parole «non spedisce o non consegna» sono sostituite dalle seguenti: «non trasmette»;

Art. 257-*bis*. Testimonianza scritta.

[I]. Il giudice, su accordo delle parti, tenuto conto della natura della causa e di ogni altra circostanza, può disporre di assumere la deposizione chiedendo al testimone, anche nelle ipotesi di cui all'articolo 203, di fornire, per iscritto e nel termine fissato, le risposte ai quesiti sui quali deve essere interrogato.

[II]. Il giudice, con il provvedimento di cui al primo comma, dispone che la parte che ha richiesto l'assunzione predisponga il modello di testimonianza in conformità agli articoli ammessi e lo faccia notificare al testimone.

[III]. Il testimone rende la deposizione compilando il modello di testimonianza in ogni sua parte, con risposta separata a ciascuno dei quesiti, e precisa quali sono quelli cui non è in grado di rispondere, indicandone la ragione.

[IV]. Il testimone sottoscrive la deposizione apponendo la propria firma autenticata su ciascuna delle facciate del foglio di testimonianza, **o apponendo al documento informatico la propria firma digitale e la trasmette al difensore, il quale la deposita nel fascicolo d'ufficio.**

[V]. Quando il testimone si avvale della facoltà d'astensione di cui all'articolo 249, ha l'obbligo di compilare il modello di testimonianza, indicando le complete generalità e i motivi di astensione.

[VI]. Quando il testimone **non trasmette** le risposte scritte nel termine stabilito, il giudice può condannarlo alla pena pecuniaria di cui all'articolo 255, primo comma.

[VII]. Quando la testimonianza ha ad oggetto documenti di spesa già depositati dalle parti, essa può essere resa mediante dichiarazione sottoscritta dal testimone e trasmessa al difensore della parte nel cui interesse la prova è stata ammessa, senza il ricorso al modello di cui al secondo comma.

[VIII]. Il giudice, esaminate le risposte o le dichiarazioni, può sempre disporre che il testimone sia chiamato a deporre davanti a lui o davanti al giudice delegato.

Diritto intertemporale: la disposizione si applica ai procedimenti introdotti successivamente al 28 febbraio 2023.

Commento

La norma in commento, al comma 4, prevede che la deposizione sia autenticata anche mediante apposizione della firma digitale del dichiarante. Stabilisce inoltre che la dichiarazione non sia più spedita alla cancelleria o presso la stessa depositata, bensì sia inviata al difensore della parte che ha richiesto la prova.

Infatti, solo il difensore, e non anche il dichiarante, ha la possibilità di depositarla nel fascicolo informatico.

La modifica al comma 6 è consequenziale: la sanzione è prevista non già per chi non spedisce o consegna la dichiarazione alla cancelleria, sibbene a chi non la trasmette al difensore.

Art. 263

2. Al libro secondo, titolo I del codice di procedura civile sono apportate le seguenti modificazioni:

z) all'articolo 263, primo comma, le parole «in cancelleria» sono soppresse;

Art. 263. Presentazione e accettazione del conto.

[I]. Se il giudice ordina la presentazione di un conto, questo deve essere depositato con i documenti giustificativi, almeno cinque giorni prima dell'udienza fissata per la discussione di esso.

[II]. Se il conto viene accettato, il giudice istruttore ne dà atto nel processo verbale e ordina il pagamento delle somme che risultano dovute. L'ordinanza non è impugnabile e costituisce titolo esecutivo.

Diritto intertemporale: la disposizione si applica ai procedimenti introdotti successivamente al 28 febbraio 2023.

Commento

La norma in commento, adattando il rito al processo telematico, stabilisce che il conto è inserito nel fascicolo informatico e non depositato in cancelleria.

Art. 271

2. Al libro secondo, titolo I del codice di procedura civile sono apportate le seguenti modificazioni:

aa) all'articolo 271, le parole «ai sensi del terzo comma dell'articolo 269» sono sostituite dalle seguenti: «ai sensi degli articoli 171-*bis*, secondo comma, e 269, terzo comma, secondo periodo»;

Art. 271. Costituzione del terzo chiamato.

[I]. Al terzo si applicano, con riferimento all'udienza per la quale è citato, le disposizioni degli articoli 166, 167, primo comma e 171-*ter*.

[II]. Se intende chiamare a sua volta in causa un terzo, deve farne dichiarazione a pena di decadenza nella comparsa di risposta ed essere poi autorizzato dal giudice **ai sensi degli articoli 171-*bis*, secondo comma, e 269, terzo comma, secondo periodo.**

Diritto intertemporale: la disposizione si applica ai procedimenti introdotti successivamente al 28 febbraio 2023.

Commento

La norma in commento completa la disciplina della chiamata in causa di un altro soggetto da parte del terzo chiamato.

Come abbiamo visto commentando l'art. 171-*bis* c.p.c., il correttivo ha anticipato alla pronuncia del decreto di cui a tale norma la autorizzazione a chiamare in causa un altro soggetto da parte del terzo chiamato.

Ne consegue che, se il terzo chiamato intende chiamare in causa un ulteriore terzo, deve farne richiesta nella comparsa di risposta, e il giudice deve provvedere mediante un ulteriore decreto.

Art. 275

2. Al libro secondo, titolo I del codice di procedura civile sono apportate le seguenti modificazioni:

bb) all'articolo 275, quarto comma, le parole «in cancelleria» sono soppresse;

Art. 275. Decisione del collegio.

[I]. Rimessa la causa al collegio, la sentenza è depositata entro sessanta giorni dall'udienza di cui all'articolo 189.

[II]. Ciascuna delle parti, con la nota di precisazione delle conclusioni, può chiedere al presidente del tribunale che la causa sia discussa oralmente dinanzi al collegio. In tal caso, resta fermo il rispetto dei termini indicati nell'articolo 189 per il deposito delle sole comparse conclusionali.

[III]. Il presidente provvede sulla richiesta revocando l'udienza di cui all'articolo 189 e fissando con decreto la data dell'udienza di discussione davanti al collegio, da tenersi entro sessanta giorni.

[IV]. Nell'udienza il giudice istruttore fa la relazione orale della causa. Dopo la relazione, il presidente ammette le parti alla discussione e la sentenza è depositata entro i sessanta giorni successivi.

Diritto intertemporale: la disposizione si applica ai procedimenti introdotti successivamente al 28 febbraio 2023.

Commento

La norma in commento, adattando il rito al processo telematico, stabilisce che la sentenza è inserita nel fascicolo informatico e non depositata in cancelleria.

Art. 275-*bis*

2. Al libro secondo, titolo I del codice di procedura civile sono apportate le seguenti modificazioni:

cc) all'articolo 275-*bis*, terzo comma, le parole «in cancelleria» sono soppresse;

Art. 275-*bis*. Decisione a seguito di discussione orale davanti al collegio

[I]. Il giudice istruttore, quando ritiene che la causa può essere decisa a seguito di discussione orale, fissa udienza davanti al collegio e assegna alle parti termine, anteriore all'udienza, non superiore a trenta giorni per il deposito di note limitate alla precisazione delle conclusioni e un ulteriore termine non superiore a quindici giorni per note conclusionali.

[II]. All'udienza il giudice istruttore fa la relazione orale della causa e il presidente ammette le parti alla discussione. All'esito della discussione il collegio pronuncia sentenza dando lettura del dispositivo e della concisa esposizione delle ragioni di fatto e di diritto della decisione.

[III]. In tal caso, la sentenza si intende pubblicata con la sottoscrizione da parte del presidente del verbale che la contiene ed è immediatamente depositata.

[IV]. Se non provvede ai sensi del secondo comma, il collegio deposita la sentenza nei successivi sessanta giorni.

Diritto intertemporale: la disposizione si applica ai procedimenti introdotti successivamente al 28 febbraio 2023.

Commento

La norma in commento, adattando il rito al processo telematico, stabilisce che la sentenza è inserita nel fascicolo informatico e non depositata in cancelleria.

Art. 279

2. Al libro secondo, titolo I del codice di procedura civile sono apportate le seguenti modificazioni:

dd) all'articolo 279, quinto comma, le parole «in cancelleria» sono soppresse;

Art. 279. Forma dei provvedimenti del collegio.

[I]. Il collegio pronuncia ordinanza quando provvede soltanto su questioni relative all'istruzione della causa, senza definire il giudizio, nonché quando decide soltanto questioni di competenza. In tal caso, se non definisce il giudizio, impartisce con la stessa ordinanza i provvedimenti per l'ulteriore istruzione della causa.

[II]. Il collegio pronuncia sentenza:

1) quando definisce il giudizio, decidendo questioni di giurisdizione;

2) quando definisce il giudizio, decidendo questioni pregiudiziali attinenti al processo o questioni preliminari di merito;

3) quando definisce il giudizio, decidendo totalmente il merito;

4) quando, decidendo alcune delle questioni di cui ai numeri 1, 2 e 3, non definisce il giudizio e impartisce distinti provvedimenti per l'ulteriore istruzione della causa;

5) quando, valendosi della facoltà di cui agli articoli 103, secondo comma, e 104, secondo comma, decide solo alcune delle cause fino a quel momento riunite, e con distinti provvedimenti dispone la separazione delle altre cause e l'ulteriore istruzione riguardo alle medesime, ovvero la rimessione al giudice inferiore delle cause di sua competenza.

[III]. I provvedimenti per l'ulteriore istruzione, previsti dai numeri 4 e 5, sono dati con separata ordinanza.

[IV]. I provvedimenti del collegio, che hanno forma di ordinanza, comunque motivati, non possono mai pregiudicare la decisione della causa; salvo che la legge disponga altrimenti, essi sono modificabili e revocabili dallo stesso collegio, e non sono soggetti ai mezzi di impugnazione previsti per le sentenze. Le ordinanze del collegio sono sempre immediatamente esecutive. Tuttavia, quando sia stato proposto appello immediato contro una delle sentenze previste dal numero 4 del secondo comma, il giudice istruttore, su istanza concorde delle parti, qualora ritenga che i provvedimenti dell'ordinanza collegiale siano dipendenti da quelli contenuti nella sentenza impugnata, può disporre con ordinanza non impugnabile che l'esecuzione o la prosecuzione dell'ulteriore istruttoria sia sospesa sino alla definizione del giudizio di appello.

[V]. L'ordinanza è depositata insieme con la sentenza.

Diritto intertemporale: la disposizione si applica ai procedimenti introdotti successivamente al 28 febbraio 2023.

Commento

La norma in commento, adattando il rito al processo telematico, stabilisce che l'ordinanza è inserita, insieme alla sentenza, nel fascicolo informatico e non depositata in cancelleria.

Art. 281-*sexies*

2. Al libro secondo, titolo I del codice di procedura civile sono apportate le seguenti modificazioni:

ee) all'articolo 281-*sexies*, secondo comma, le parole «in cancelleria» sono soppresse;

Art. 281-*sexies*. Decisione a seguito di trattazione orale.

[I]. Se non dispone a norma dell'articolo 281-*quinquies*, il giudice, fatte precisare le conclusioni, può ordinare la discussione orale della causa nella stessa udienza o, su istanza di parte, in un'udienza successiva e pronunciare sentenza al termine della discussione, dando lettura del dispositivo e della concisa esposizione delle ragioni di fatto e di diritto della decisione.

[II]. In tal caso, la sentenza si intende pubblicata con la sottoscrizione da parte del giudice del verbale che la contiene ed è immediatamente depositata.

[III]. Al termine della discussione orale il giudice, se non provvede ai sensi del primo comma, deposita la sentenza nei successivi trenta giorni.

Diritto intertemporale: In deroga all'art. 35, comma 1, del d.lgs. 10 ottobre 2022, n. 149, le disposizioni di cui all'art. 281-*sexies* c.p.c., come modificato dal d.lgs. n. 149/2022 e dal presente decreto, si applicano anche ai procedimenti già pendenti alla data del 28 febbraio 2023.

Commento

La norma in commento, adattando il rito al processo telematico, stabilisce che la sentenza è inserita nel fascicolo informatico e non depositata in cancelleria.

Art. 281-*decies*

2. Al libro secondo, titolo I del codice di procedura civile sono apportate le seguenti modificazioni:

ff) all'articolo 281-*decies:*

1) il secondo comma è sostituito dal seguente:

«Nelle sole cause in cui il tribunale giudica in composizione monocratica, il giudizio può essere introdotto nelle forme del procedimento semplificato anche se non ricorrono i presupposti di cui al primo comma.»;

2) dopo il secondo comma è aggiunto il seguente:

«Le disposizioni di cui al primo e al secondo comma si applicano anche alle opposizioni previste dagli articoli 615, primo comma, 617, primo comma, e 645.»;

Art. 281-*decies*. Ambito di applicazione.

[I]. Quando i fatti di causa non sono controversi, oppure quando la domanda è fondata su prova documentale, o è di pronta soluzione o richiede un'istruzione non complessa, il giudizio è introdotto nelle forme del procedimento semplificato.

[II]. Nelle sole cause in cui il tribunale giudica in composizione monocratica, il giudizio può essere introdotto nelle forme del procedimento semplificato anche se non ricorrono i presupposti di cui al primo comma.

[III]. Le disposizioni di cui al primo e al secondo comma si applicano anche alle opposizioni previste dagli articoli 615, primo comma, 617, primo comma, e 645.

Diritto intertemporale: la disposizione si applica ai procedimenti introdotti successivamente al 28 febbraio 2023.

Commento

La norma in commento contiene due novità.

Con il nuovo comma 2 si vuole chiarire che la causa può esser introdotta con il rito semplificato anche se non sussistono i presupposti individuati nel comma 1. *A contrario*, si dovrebbe dedurre che, se la causa è affidata al collegio, e non presenta i requisiti di cui al comma 1, essa *non* possa essere introdotta con il rito semplificato.

Senonché, l'eventuale proposizione con il rito semplificato di una causa a decisione collegiale che sia "complessa" non comporta altra conseguenza che il mutamento del rito ai sensi dell'art. 281-*duodecies*, comma 1: né più né meno di quanto avviene per le cause "complesse" a decisione monocratica; né più né meno di quanto avveniva sulla base della previgente norma. La modifica è quindi inutile.

Il comma 3 precisa – a fronte di incertezze nella prassi – che anche l'opposizione all'esecuzione ed agli atti esecutivi proposte prima dell'inizio dell'esecuzione, nonché l'opposizione a decreto ingiuntivo, possono essere introdotte con il rito semplificato. A maggior ragione anche la fase a cognizione piena delle opposizioni esecutive proposte dopo l'inizio dell'esecuzione può essere introdotta con il rito semplificato.

Art. 281-*undecies*

2. Al libro secondo, titolo I del codice di procedura civile sono apportate le seguenti modificazioni:

gg) all'articolo 281-*undecies:*

1) il primo comma è sostituito dal seguente:

«La domanda si propone con ricorso, sottoscritto a norma dell'articolo 125, che deve contenere le indicazioni di cui ai numeri 1), 2), 3), 3 -*bis*), 4), 5), e 6) dell'articolo 163 e l'avvertimento che la costituzione oltre i termini di cui al secondo comma del presente articolo implica le decadenze di cui ai commi terzo e quarto, che la difesa tecnica mediante avvocato è obbligatoria in tutti i giudizi davanti al tribunale, fatta eccezione per i casi previsti dall'articolo 86 o da leggi speciali, e che la parte, sussistendone i presupposti di legge, può presentare istanza per l'ammissione al patrocinio a spese dello Stato»;

2) al secondo comma, dopo le parole «Il giudice» è inserita la parola «istruttore»;

Art. 281-*undecies*. Forma della domanda e costituzione delle parti.

[I]. **La domanda si propone con ricorso, sottoscritto a norma dell'articolo 125, che deve contenere le indicazioni di cui ai numeri 1), 2), 3), 3 -*bis*), 4), 5), e 6) dell'articolo 163 e l'avvertimento che la costituzione oltre i termini di cui al secondo comma del presente articolo implica le decadenze di cui ai commi terzo e quarto, che la difesa tecnica mediante avvocato è obbligatoria in tutti i giudizi davanti al tribunale, fatta eccezione per i casi previsti dall'articolo 86 o da leggi speciali, e che la parte, sussistendone i presupposti di legge, può presentare istanza per l'ammissione al patrocinio a spese dello Stato.**

[II]. Il giudice **istruttore**, entro cinque giorni dalla designazione, fissa con decreto l'udienza di comparizione delle parti assegnando il termine per la costituzione del convenuto, che deve avvenire non oltre dieci giorni prima dell'udienza. Il ricorso, unitamente al decreto di fissazione dell'udienza, deve essere notificato al convenuto a cura dell'attore. Tra il giorno della notificazione del ricorso e quello dell'udienza di comparizione debbono intercorrere termini liberi non minori di quaranta giorni se il luogo della notificazione si trova in Italia e di sessanta giorni se si trova all'estero.

[III]. Il convenuto si costituisce mediante deposito della comparsa di risposta, nella quale deve proporre le sue difese e prendere posizione in modo chiaro e specifico sui fatti posti dall'attore a fondamento della domanda, indicare i mezzi di prova di cui intende avvalersi e i documenti che offre in comunicazione, nonché formulare le conclusioni. A pena di decadenza deve proporre le eventuali domande riconvenzionali e le eccezioni processuali e di merito che non sono rilevabili d'ufficio.

[IV]. Se il convenuto intende chiamare un terzo deve, a pena di decadenza, farne dichiarazione nella comparsa di costituzione e chiedere lo spostamento dell'udienza. Il giudice, con decreto comunicato dal cancelliere alle parti costituite, fissa la data della nuova udienza assegnando un termine perentorio per la citazione del terzo. La costituzione del terzo in giudizio avviene a norma del terzo comma.

Diritto intertemporale: la disposizione si applica ai procedimenti introdotti successivamente al 28 febbraio 2023.

Commento

La norma in commento, sostituendo il comma 1, elimina il richiamo all'avvertimento di cui al numero 7 del comma 3 dell'art. 163, richiamo incongruo perché riferito alla fase introduttiva del rito ordinario, e riscrive il contenuto dello stesso adattandolo al rito semplificato.

Con la modifica del comma 2 si chiarisce che anche nelle cause a decisione collegiale l'istruttoria è monocratica.

Art. 281-*duodecies*

2. Al libro secondo, titolo I del codice di procedura civile sono apportate le seguenti modificazioni:

hh) all'articolo 281-*duodecies* sono apportate le seguenti modificazioni:

1) al terzo comma, dopo le parole «le parti possono proporre» sono inserite le seguenti: «le domande e»;

2) al quarto comma, le parole: «Se richiesto e sussiste giustificato motivo, il giudice può concedere» sono sostituite dalle seguenti: «Quando l'esigenza sorge dalle difese della controparte, il giudice, se richiesto, concede»;

Art. 281-*duodecies*. Procedimento.

[I]. Alla prima udienza il giudice se rileva che per la domanda principale o per la domanda riconvenzionale non ricorrono i presupposti di cui al primo comma dell'articolo 281-*decies,* dispone con ordinanza non impugnabile la prosecuzione del processo nelle forme del rito ordinario fissando l'udienza di cui all'articolo 183, rispetto alla quale decorrono i termini previsti dall'articolo 171-*ter*. Nello stesso modo procede quando, valutata la complessità della lite e dell'istruzione probatoria, ritiene che la causa debba essere trattata con il rito ordinario.

[II]. Entro la stessa udienza l'attore può chiedere di essere autorizzato a chiamare in causa un terzo, se l'esigenza è sorta dalle difese del convenuto. Il giudice, se lo autorizza, fissa la data della nuova udienza assegnando un termine perentorio per la citazione del terzo. Se procede ai sensi del primo comma il giudice provvede altresì sulla autorizzazione alla chiamata del terzo. La costituzione del terzo in giudizio avviene a norma del terzo comma dell'articolo 281-*undecies*.

[III]. Alla stessa udienza, a pena di decadenza, le parti possono proporre **le domande e** le eccezioni che sono conseguenza della domanda riconvenzionale e delle eccezioni proposte dalle altre parti.

[IV]. **Quando l'esigenza sorge dalle difese della controparte, il giudice, se richiesto, concede** un termine perentorio non superiore a venti giorni per precisare e modificare le domande, le eccezioni e le conclusioni, per indicare i mezzi di prova e produrre documenti, e un ulteriore termine non superiore a dieci giorni per replicare e dedurre prova contraria.

[V]. Se non provvede ai sensi del secondo e del quarto comma e non ritiene la causa matura per la decisione il giudice ammette i mezzi di prova rilevanti per la decisione e procede alla loro assunzione.

Diritto intertemporale: la disposizione si applica ai procedimenti introdotti successivamente al 28 febbraio 2023.

Commento

§ 1. La norma in commento purtroppo non affronta il problema principale posto dal comma 4 dell'art. 281-*duodecies* c.p.c., perché pone precisazioni da un lato inutili e dall'altro insufficienti, mentre non affronta il vero problema posto da tale disposizione. Ma andiamo per ordine.

Al comma 3, fra le novità che possono essere introdotte in prima udienza come conseguenza della domanda riconvenzionale e delle eccezioni proposte dalle altre parti, vengono aggiunte le "domande" alle eccezioni. Precisazione ovvia: ci mancherebbe che, a fronte delle domande e delle eccezioni altrui, non si potessero proporre nuove domande e nuove eccezioni. Precisazione insufficiente: perché la stessa possibilità deve sussistere anche a fronte di rilievi officiosi del giudice. Più in generale, come si è già detto, poiché ad ogni novità, di qualunque contenuto, da chiunque introdotta nel processo, deve essere concessa una replica, il catalogo normativo vuoi dei presupposti vuoi del contenuto di tali repliche non può che essere meramente esemplificativo.

§ 2. Il comma 4 avrebbe l'ambizione – cito la relazione – di «rimuovere possibili remore ad introdurre la causa con rito semplificato.... superando il generico rinvio alla sussistenza di un «giustificato motivo», che rimanda ad una valutazione ampiamente discrezionale».

Si tratta di ambizione mal riposta, per una serie di ragioni. Innanzi tutto, chi avrebbe mai potuto dubitare che non sussista un "giustificato motivo" quando le novità dipendono dalle difese avversarie? Non solo: lo stesso principio vale anche quando le novità dipendono dai rilievi officiosi del giudice, di cui il legislatore – *more solito* – si dimentica. Forse non si è tenuto sufficientemente conto del nuovo art. 101, comma 2, primo periodo, c.p.c. in base al quale "il giudice assicura il rispetto del contraddittorio", e se non lo fa il processo è viziato, anche quando la lesione del diritto di difesa dipende dall'esercizio di un suo potere discrezionale, e quindi da un atto formalmente lecito.

La seconda, e direi fondamentale ragione, dipende dall'incertezza, non risolta, relativa all'attività istruttoria.

Se analizziamo gli artt. 281-*undecies* e 281-*duodecies* c.p.c., vediamo che, a pena di decadenza, sono individuate le seguenti attività: a carico del convenuto, nella comparsa di risposta, domande riconvenzionali, eccezioni processuali e di merito non rilevabili di ufficio, chiamata in causa del terzo (art. 281-*undecies*, commi 2 e 3, c.p.c.); a carico dell'attore, chiamata in causa del terzo alla prima udienza (art. 281-*duodecies*, comma 2, c.p.c.); a carico di ambedue le parti, alla prima udienza le domande e le eccezioni che sono conseguenza della domanda riconvenzionale e delle eccezioni proposte dalle altre parti.

Come si vede, il primo richiamo ad un termine perentorio per indicare mezzi di prova e produrre documenti è contenuto nell'art. 281-*duodecies*, comma 4, c.p.c. Se ne deduce che con la memoria di cui al comma 4 della norma in esame ben si possono effettuare attività istruttorie.

La dizione della norma è chiara, e d'altro canto, la giurisprudenza costante della Cassazione ha ritenuto che nessuna preclusione istruttoria sussisteva nel rito sommario (da ultimo, Cass. 12 luglio 2024, n. 19226), che – rispetto alle attività istruttorie – aveva le stesse previsioni del rito semplificato

Ciononostante, in giurisprudenza e dottrina sono state avanzate opinioni, volte a far coincidere la disciplina delle attività istruttorie del rito semplificato con quella del rito del lavoro: esigendo quindi che sia attore sia convenuto debbano, a pena di decadenza, effettuare le loro attività istruttorie con i rispettivi atti introduttivi.

È evidente quindi l'opportunità di una presa di posizione del legislatore sul punto: il che, purtroppo, non è avvenuto.

§ 3. Si noti che, al contrario di quanto previsto dall'art. 171-*bis* c.p.c., qui è stata mantenuta la non impugnabilità dell'ordinanza che muta il rito da semplificato in ordinario: sicché il mutamento del rito è irreversibile.

Art. 281-*terdecies*

2. Al libro secondo, titolo I del codice di procedura civile sono apportate le seguenti modificazioni:

ii) all'articolo 281-*terdecies,* il primo comma è sostituito dal seguente:

«Quando ritiene che la causa sia matura per la decisione, il giudice procede a norma dell'articolo 281-*sexies*. Nelle cause in cui il tribunale giudica in composizione collegiale, l'istruttore dispone la discussione orale della causa davanti a sé e all'esito si riserva di riferire al collegio. La sentenza è depositata nei successivi sessanta giorni. Se una delle parti lo richiede, il giudice procede a norma dell'articolo 275-*bis*.»;

Art. 281-*terdecies*. Decisione.

[I]. Quando ritiene che la causa sia matura per la decisione, il giudice procede a norma dell'articolo 281-*sexies*. Nelle cause in cui il tribunale giudica in composizione collegiale, l'istruttore dispone la discussione orale della causa davanti a sé e all'esito si riserva di riferire al collegio. La sentenza è depositata nei successivi sessanta giorni. Se una delle parti lo richiede, il giudice procede a norma dell'articolo 275-*bis*.

[II]. La sentenza è impugnabile nei modi ordinari.

Diritto intertemporale: la disposizione si applica ai procedimenti introdotti successivamente al 28 febbraio 2023.

Commento

La norma in commento semplifica la decisione della causa, per la quale è sempre prevista la discussione orale. Infatti, quando la decisione è collegiale, nella norma previgente era prevista la discussione dinanzi al collegio; con la nuova disposizione la regola generale è che la discussione si svolga dinanzi al giudice istruttore, e solo se una delle parti lo richiede essa si svolge dinanzi al collegio.

Art. 290

2. Al libro secondo, titolo I del codice di procedura civile sono apportate le seguenti modificazioni:

II) all'articolo 290, dopo le parole «se il convenuto ne fa richiesta» sono inserite le seguenti: «nella comparsa di risposta»;

Art. 290. Contumacia dell'attore.

[I]. Nel dichiarare la contumacia dell'attore a norma dell'articolo 171, ultimo comma, il giudice istruttore, se il convenuto ne fa richiesta **nella comparsa di risposta**, ordina che sia proseguito il giudizio e dà le disposizioni previste nell'articolo 187, altrimenti dispone che la causa sia cancellata dal ruolo, e il processo si estingue.

Diritto intertemporale: la disposizione si applica ai procedimenti introdotti successivamente al 28 febbraio 2023.

Commento

La norma in commento coordina, ma non correttamente, la richiesta del convenuto di procedere in contumacia dell'attore alla diversa struttura della fase introduttiva del giudizio. Se l'attore è contumace, il processo prosegue solo se lo chiede il convenuto. Nella disciplina previgente, tutto ciò avveniva alla prima udienza: se il processo era iscritto a ruolo dal convenuto, ed alla prima udienza l'attore non era costituito, il giudice disponeva la prosecuzione del processo solo se il convenuto lo richiedeva; altrimenti si aveva l'immediata estinzione.

Commentando l'art. 171 c.p.c. nella versione introdotta dalla riforma, avevamo rilevato che la richiesta del convenuto deve collocarsi dopo la scadenza del termine dell'art. 166 c.p.c., poiché fino a quella data il convenuto non sa se l'attore si costituirà. Avevamo dunque affermato che, se il convenuto vuole andare avanti, nella prima memoria *ex* art. 173-*ter* inserisce la richiesta di proseguire; altrimenti omette di depositare la prima memoria, ed il processo si estingue.

Il correttivo, invece, impone al convenuto di richiedere la prosecuzione del giudizio nella propria comparsa di risposta, quando però ancora non sa se l'attore si costituirà, ciò che ai sensi dell'art. 166 c.p.c. può sempre fare. Dunque la richiesta di prosecuzione è avanzata in forma ipotetica, per l'ipotesi in cui l'attore non si costituisse.

Art. 291

2. Al libro secondo, titolo I del codice di procedura civile sono apportate le seguenti modificazioni:

mm) all'articolo 291, secondo comma, dopo le parole «171-*bis,* secondo» sono inserite le seguenti: «e terzo»;

Art. 291. Contumacia del convenuto.

[I]. Se il convenuto non si costituisce e il giudice istruttore rileva un vizio che importi nullità nella notificazione della citazione, fissa all'attore un termine perentorio per rinnovarla. La rinnovazione impedisce ogni decadenza.

[II]. Se il convenuto non si costituisce neppure anteriormente alla pronuncia del decreto di cui all'articolo 171-*bis,* secondo **e terzo** comma, il giudice provvede a norma dell'articolo 171, ultimo comma.

[III]. Se l'ordine di rinnovazione della citazione di cui al primo comma non è eseguito, il giudice ordina la cancellazione della causa dal ruolo e il processo si estingue a norma dell'articolo 307, comma terzo.

Diritto intertemporale: la disposizione si applica ai procedimenti introdotti successivamente al 28 febbraio 2023.

Commento

La norma in commento coordina la disciplina della contumacia del convenuto alla nuova versione dell'art. 171-*bis* c.p.c., introdotta dal correttivo.

Art. 292

2. Al libro secondo, titolo I del codice di procedura civile sono apportate le seguenti modificazioni:

nn) all'articolo 292:

1) al primo comma, le parole «con ordinanza» sono soppresse;

2) al secondo comma, le parole «in cancelleria e con l'apposizione del visto del cancelliere sull'originale» sono soppresse;

Art. 292. Notificazione e comunicazione di atti al contumace.

[I]. L'ordinanza che ammette l'interrogatorio o il giuramento, e le comparse contenenti domande nuove o riconvenzionali da chiunque proposte sono notificate personalmente al contumace nei termini che il giudice istruttore fissa.

[II]. Le altre comparse si considerano comunicate con il deposito.

[III]. Tutti gli altri atti non sono soggetti a notificazione o comunicazione.

[IV]. Le sentenze sono notificate alla parte personalmente.

Diritto intertemporale: la disposizione si applica ai procedimenti introdotti successivamente al 28 febbraio 2023.

Commento

La norma in commento contiene due novità.

Quella relativa al comma 1 dipende da ciò, che il provvedimento del giudice può essere costituito da un decreto, quando esso è pronunciato in sede di verifiche preliminari.

Quella relativa al comma 2, invece, è una conseguenza del processo telematico.

Art. 293

2. Al libro secondo, titolo I del codice di procedura civile sono apportate le seguenti modificazioni:

oo) all'articolo 293:

1) al primo comma, le parole «fino all'udienza di precisazione delle conclusioni» sono sostituite dalle seguenti: «fino al momento in cui il giudice fissa l'udienza di rimessione della causa in decisione»;

2) al secondo comma, le parole «può avvenire» sono sostituite dalla parola «avviene» e le parole «in cancelleria o mediante comparizione all'udienza» sono soppresse;

Art. 293. Costituzione del contumace.

[I]. La parte che è stata dichiarata contumace può costituirsi in ogni momento del procedimento **fino al momento in cui il giudice fissa l'udienza di rimessione della causa in decisione.**

[II]. La costituzione **avviene** mediante deposito di una comparsa, della procura e dei documenti in cancelleria.

[III]. In ogni caso il contumace che si costituisce può disconoscere, nella prima udienza o nel termine assegnatogli dal giudice istruttore, le scritture contro di lui prodotte.

Diritto intertemporale: la disposizione si applica ai procedimenti introdotti successivamente al 28 febbraio 2023.

Commento

La norma in commento prende atto che non esiste più un'udienza specifica destinata alla precisazione delle conclusioni, che avviene mediante un atto depositato nel fascicolo informatico. Era necessario, quindi, aggiornare l'ultimo momento utile per la costituzione in giudizio del contumace.

L'eliminazione di una specifica udienza di precisazione delle conclusioni determina anche un significativo spostamento del momento ultimo per introdurre in giudizio nuovi fatti: tale momento non è più, come in precedenza, l'udienza di precisazione delle conclusioni, sibbene l'udienza di rimessione della causa in decisione. Di conseguenza, poiché i limiti temporali del giudicato fanno riferimento all'ultima udienza di trattazione, e questa oramai non è più quella di precisazione delle conclusioni sibbene quella di rimessione della causa in decisione, ne consegue che è a quest'ultima udienza che occorrerà far riferimento per individuare quali fatti (*rectius*, gli effetti di quali fatti) sono preclusi e quali invece, essendo sopravvenuti, non sono preclusi.

Art. 299

2. Al libro secondo, titolo I del codice di procedura civile sono apportate le seguenti modificazioni:

pp) all'articolo 299, le parole «in cancelleria o all'udienza davanti al giudice istruttore,» sono soppresse.

Art. 299. Morte o perdita della capacità prima della costituzione.

[I]. Se prima della costituzione sopravviene la morte oppure la perdita della capacità di stare in giudizio di una delle parti o del suo rappresentante legale o la cessazione di tale rappresentanza, il processo è interrotto, salvo che coloro ai quali spetta di proseguirlo si costituiscano volontariamente, oppure l'altra parte provveda a citarli in riassunzione, osservati i termini di cui all'articolo 163-bis.

Diritto intertemporale: la disposizione si applica ai procedimenti introdotti successivamente al 28 febbraio 2023.

Commento

La norma in commento, adattando il rito al processo telematico, prende atto che la costituzione in giudizio avviene necessariamente con l'inserimento dell'atto nel fascicolo informatico, e non può più avvenire con il deposito in cancelleria o in sede di udienza.

Art. 318

3. Al libro secondo, titolo II del codice di procedura civile sono apportate le seguenti modificazioni:

a) all'articolo 318, secondo comma, è aggiunto, in fine, il seguente periodo: «Con lo stesso decreto il giudice di pace informa il convenuto che la costituzione oltre il termine indicato implica le decadenze di cui all'articolo 281-*undecies*, terzo e quarto comma, che la difesa tecnica mediante avvocato è obbligatoria in tutti i giudizi il cui valore eccede € 1.100, fatta eccezione per i casi previsti dall'articolo 86 o da leggi speciali, e che la parte, sussistendone i presupposti di legge, può presentare istanza per l'ammissione al patrocinio a spese dello Stato.»;

Art. 318. Contenuto della domanda.

[I]. La domanda si propone con ricorso, sottoscritto a norma dell'articolo 125, che deve contenere, oltre all'indicazione del giudice e delle parti, l'esposizione dei fatti e l'indicazione del suo oggetto.

[II]. Il giudice di pace, entro cinque giorni dalla designazione, fissa con decreto l'udienza di comparizione delle parti a norma del comma secondo dell'articolo 281-*undecies*. **Con lo stesso decreto il giudice di pace informa il convenuto che la costituzione oltre il termine indicato implica le decadenze di cui all'articolo 281-*undecies*, terzo e quarto comma, che la difesa tecnica mediante avvocato è obbligatoria in tutti i giudizi il cui valore eccede € 1.100, fatta eccezione per i casi previsti dall'articolo 86 o da leggi speciali, e che la parte, sussistendone i presupposti di legge, può presentare istanza per l'ammissione al patrocinio a spese dello Stato.**

Diritto intertemporale: la disposizione si applica ai procedimenti introdotti successivamente al 28 febbraio 2023.

Commento

La norma in commento estende anche al processo dinanzi al giudice di pace – che, lo si ricorda, in virtù dell'art. 311 c.p.c. è modellato sul rito semplificato del tribunale – gli avvertimenti al convenuto che, nel rito semplificato, sono invece contenuti nel ricorso introduttivo.

Art. 319

3. Al libro secondo, titolo II del codice di procedura civile sono apportate le seguenti modificazioni:

b) all'articolo 319:

1) al primo comma:

1.1) il primo periodo è sostituito dal seguente: «L'attore si costituisce depositando il ricorso o il processo verbale di cui all'articolo 316, secondo comma, e, quando occorre, la procura.»;

1.2) al secondo periodo, le parole «la procura» sono sostituite dalle seguenti: «della procura»;

2) il secondo comma è sostituito dal seguente:

«Le parti che stanno in giudizio personalmente e che non hanno precedentemente dichiarato la residenza o eletto domicilio nel comune in cui ha sede l'ufficio del giudice di pace o indicato il proprio indirizzo di posta elettronica certificata o eletto un domicilio digitale speciale, devono farlo con dichiarazione ricevuta nel processo verbale.»;

Art. 319. Costituzione delle parti.

[I]. **L'attore si costituisce depositando il ricorso o il processo verbale di cui all'articolo 316, secondo comma, e, quando occorre, la procura**. Il convenuto si costituisce a norma dei commi terzo e quarto dell'articolo 281-*undecies* mediante deposito della comparsa di risposta e, quando occorre, la procura.

[II]. **Le parti che stanno in giudizio personalmente e che non hanno precedentemente dichiarato la residenza o eletto domicilio nel comune in cui ha sede l'ufficio del giudice di pace o indicato il proprio indirizzo di posta elettronica certificata o eletto un domicilio digitale speciale, devono farlo con dichiarazione ricevuta nel processo verbale.**

Diritto intertemporale: la disposizione si applica ai procedimenti introdotti successivamente al 28 febbraio 2023.

Commento

La norma in commento contiene le seguenti novità.

Il nuovo primo periodo del comma 1 corregge una svista della riforma. Avendo previsto per il rito dinanzi al giudice di pace l'utilizzazione del processo semplificato, risultava ovviamente errato il richiamo alla notificazione dello stesso, in quanto la costituzione dell'attore avviene con il deposito del ricorso nel fascicolo informatico, e non con la successiva notificazione del ricorso e del decreto di fissazione dell'udienza.

La seconda modifica riguarda un preesistente errore di grammatica.

Infine, la terza modifica consente alla parte, che sta in giudizio personalmente, e che non ha in precedenza dichiarato la propria residenza oppure eletto domicilio nel comune in cui ha sede l'ufficio del giudice di pace, di sovvenire a tale obbligo indicando la propria pec o un domicilio digitale speciale.

Art. 321

3. Al libro secondo, titolo II del codice di procedura civile sono apportate le seguenti modificazioni:

c) all'articolo 321:

1) al primo comma, dopo le parole «ai sensi dell'articolo 281-*sexies*» sono aggiunte le parole «, ma se non dà lettura della sentenza in udienza la deposita entro quindici giorni dalla discussione»;

2) il secondo comma è abrogato.

Art. 321. Decisione.

[I]. Il giudice di pace, quando ritiene matura la causa per la decisione, procede ai sensi dell'articolo 281-*sexies*, **ma se non dà lettura della sentenza in udienza la deposita entro quindici giorni dalla discussione.**

Diritto intertemporale: la disposizione si applica ai procedimenti introdotti successivamente al 28 febbraio 2023.

Commento

La norma in commento rimedia ad un difetto di coordinamento. Infatti, la previgente norma si contraddiceva, laddove prevedeva un termine di quindici giorni, decorrenti dalla udienza di discussione della causa, per il deposito della sentenza, ma rinviava al contempo all'art. 281-*sexies* c.p.c., il quale stabilisce invece un termine di trenta giorni per il deposito della sentenza, ove di questa non si dia lettura in udienza.

Art. 330

4. Al libro secondo, titolo III del codice di procedura civile sono apportate le seguenti modificazioni:

a) l'articolo 330 è sostituito dal seguente:

«Art. 330 (Notificazione dell'impugnazione).

Se nell'atto di notificazione della sentenza la parte ha dichiarato la sua residenza o eletto domicilio nella circoscrizione del giudice che l'ha pronunciata o ha indicato un indirizzo di posta elettronica certificata risultante da pubblici elenchi o eletto un domicilio digitale speciale, l'impugnazione deve essere notificata nel luogo o all'indirizzo indicato; altrimenti si notifica, ai sensi dell'articolo 170, presso il procuratore costituito o all'indirizzo di posta elettronica certificata risultante da pubblici elenchi o al domicilio digitale speciale indicato per il giudizio oppure, in mancanza, nella residenza dichiarata o nel domicilio eletto per il giudizio.

L'impugnazione può essere notificata collettivamente e impersonalmente agli eredi della parte defunta dopo la notificazione della sentenza, nella residenza dichiarata o nel domicilio eletto dal defunto nell'atto di notificazione della sentenza ai sensi del primo comma o, in mancanza della suddetta dichiarazione di residenza o di elezione di domicilio, l'impugnazione può essere notificata, ai sensi dell'articolo 170, agli eredi collettivamente

e impersonalmente presso il procuratore costituito o nella residenza dichiarata o nel domicilio eletto dal defunto per il giudizio.

Quando mancano la dichiarazione di residenza o l'elezione di domicilio e le indicazioni di cui al primo comma e, in ogni caso, dopo un anno dalla pubblicazione della sentenza, l'impugnazione, se è ancora ammessa dalla legge, si notifica personalmente a norma degli articoli 137 e seguenti.»;

Art. 330. Notificazione dell'impugnazione.

[1]. Se nell'atto di notificazione della sentenza la parte ha dichiarato la sua residenza o eletto domicilio nella circoscrizione del giudice che l'ha pronunciata o ha indicato un indirizzo di posta elettronica certificata risultante da pubblici elenchi o eletto un domicilio digitale speciale, l'impugnazione deve essere notificata nel luogo o all'indirizzo indicato; altrimenti si notifica, ai sensi dell'articolo 170, presso il procuratore costituito o all'indirizzo di posta elettronica certificata risultante da pubblici elenchi o al domicilio digitale speciale indicato per il giudizio oppure, in mancanza, nella residenza dichiarata o nel domicilio eletto per il giudizio.

[II]. L'impugnazione può essere notificata collettivamente e impersonalmente agli eredi della parte defunta dopo la notificazione della sentenza, nella residen-

za dichiarata o nel domicilio eletto dal defunto nell'atto di notificazione della sentenza ai sensi del primo comma o, in mancanza della suddetta dichiarazione di residenza o di elezione di domicilio, l'impugnazione può essere notificata, ai sensi dell'articolo 170, agli eredi collettivamente e impersonalmente presso il procuratore costituito o nella residenza dichiarata o nel domicilio eletto dal defunto per il giudizio.

[III]. Quando mancano la dichiarazione di residenza o l'elezione di domicilio e le indicazioni di cui al primo comma e, in ogni caso, dopo un anno dalla pubblicazione della sentenza, l'impugnazione, se è ancora ammessa dalla legge, si notifica personalmente a norma degli articoli 137 e seguenti.

Diritto intertemporale: la disposizione si applica ai procedimenti introdotti successivamente al 28 febbraio 2023.

Commento

La norma in commento prende atto della possibilità che la parte ha, nell'atto di notificazione della sentenza, oltre che di dichiarare la residenza o eleggere domicilio nel luogo ove ha sede il giudice che ha pronunciato la sentenza stessa, anche di indicare un indirizzo pec risultante dai pubblici registri o di eleggere un domicilio digitale speciale.

Art. 342

4. Al libro secondo, titolo III del codice di procedura civile sono apportate le seguenti modificazioni:

b) all'articolo 342, il primo comma è sostituito dal seguente:

«L'appello si propone con citazione contenente le indicazioni prescritte nell'articolo 163 e deve essere motivato in modo chiaro, sintetico e specifico. Per ciascuno dei motivi, a pena di inammissibilità, l'appello deve individuare lo specifico capo della decisione impugnato e in relazione a questo deve indicare:

1) le censure proposte alla ricostruzione dei fatti compiuta dal giudice di primo grado;

2) le violazioni di legge denunciate e la loro rilevanza ai fini della decisione impugnata.»

Art. 342. Forma dell'appello.

[I]. **L'appello si propone con citazione contenente le indicazioni prescritte nell'articolo 163 e deve essere motivato in modo chiaro, sintetico e specifico. Per ciascuno dei motivi, a pena di inammissibilità, l'appello deve individuare lo specifico capo della decisione impugnato e in relazione a questo deve indicare:**

1) le censure proposte alla ricostruzione dei fatti compiuta dal giudice di primo grado;

2) le violazioni di legge denunciate e la loro rilevanza ai fini della decisione impugnata.

[II]. Tra il giorno della citazione e quello della prima udienza di trattazione devono intercorrere termini liberi non minori di novanta giorni se il luogo della notificazione si trova in Italia e di centocinquanta giorni se si trova all'estero.

Diritto intertemporale: la disposizione si applica ai procedimenti introdotti successivamente al 28 febbraio 2023.

Commento

La norma in commento opera un ennesimo ritocco alla tormentata norma sull'atto di appello. Si è inteso chiarire fondamentalmente che la chiarezza, sinteticità e specificità dell'impugnazione non incidono in alcun modo sulla ammissibilità dello stesso. Il precedente testo, infatti, richiamava la necessità di chiarezza, sinteticità e specificità nello stesso contesto linguistico che conteneva anche la sanzione dell'inammissibilità, sicché si sarebbe potuto – e non dubitiamo che qualcuno l'avrebbe fatto – sostenere che la mancanza di chiarezza, sinteticità e specificità della motivazione potesse dar luogo alla inammissibilità della stessa.

Art. 343

1. Al libro secondo, titolo III del codice di procedura civile sono apportate le seguenti modificazioni:

c) all'articolo 343, primo comma, le parole «almeno venti giorni prima dell'udienza di comparizione fissata nell'atto di citazione o dell'udienza fissata a norma dell'articolo 349-bis, secondo comma» sono sostituite dalle seguenti: «nel termine previsto dall'articolo 347»;

Art. 343. Modo e termine dell'appello incidentale.

[I]. L'appello incidentale si propone, a pena di decadenza, nella comparsa di risposta, depositata **nel termine previsto dall'articolo 347**.

[II]. Se l'interesse a proporre l'appello incidentale sorge dall'impugnazione proposta da altra parte che non sia l'appellante principale, tale appello si propone nella prima udienza successiva alla proposizione dell'impugnazione stessa.

Diritto intertemporale: la disposizione si applica ai procedimenti introdotti successivamente al 28 febbraio 2023.

Commento

La norma in commento rimedia ad un difetto di coordinamento dovuto al fatto che l'art. 347 c.p.c. non era stato modificato, e quindi continuava a rinviare, per quanto riguarda la costituzione in appello, alle norme del procedimento innanzi al tribunale, nonostante che il nuovo art. 166 c.p.c. preveda che la costituzione del convenuto debba avvenire settanta giorni prima della prima udienza.

Poiché, *ex* art. 342, comma 2, c.p.c., il termine a difesa dell'appellato è di novanta giorni, qualcuno aveva sostenuto che, obbligando l'appellato a costituirsi settanta giorni prima di tale udienza, questi avesse solo venti giorni di tempo per costituirsi: e ciò nonostante che la norma in commento gli concedesse di proporre appello incidentale fino a venti giorni prima dell'udienza.

Con la modifica dell'art. 347 c.p.c., e con il rinvio a tale norma da parte della norma in esame, l'equivoco è definitivamente eliminato.

Art. 347

2. Al libro secondo, titolo III del codice di procedura civile sono apportate le seguenti modificazioni:

d) all'articolo 347, il primo comma è sostituito dal seguente:

«L'appellante si costituisce in giudizio secondo le forme e i termini per i procedimenti davanti al tribunale. Le altre parti si costituiscono in appello almeno venti giorni prima dell'udienza indicata nell'atto di citazione o di quella fissata ai sensi dell'articolo 349-bis, secondo le forme per i procedimenti davanti al tribunale.»;

Art. 347. Forme e termini della costituzione in appello.

[I]. **L'appellante si costituisce in giudizio secondo le forme e i termini per i procedimenti davanti al tribunale. Le altre parti si costituiscono in appello almeno venti giorni prima dell'udienza indicata nell'atto di citazione o di quella fissata ai sensi dell'articolo 349-bis, secondo le forme per i procedimenti davanti al tribunale.**

[II]. L'appellante deve inserire nel proprio fascicolo copia della sentenza appellata.

[III]. Il cancelliere provvede a norma dell'articolo 168 e richiede la trasmissione del fascicolo d'ufficio al cancelliere del giudice di primo grado.

Diritto intertemporale: la disposizione si applica ai procedimenti introdotti successivamente al 28 febbraio 2023.

Commento

Per il commento alla norma in esame v. quanto detto a proposito del nuovo art. 343 c.p.c.

Art. 348

3. Al libro secondo, titolo III del codice di procedura civile sono apportate le seguenti modificazioni:

e) all'articolo 348, secondo comma, le parole «il collegio» sono sostituite dalle parole «il giudice»;

Art. 348. Improcedibilità dell'appello.

[I]. L'appello è dichiarato improcedibile, anche d'ufficio, se l'appellante non si costituisce in termini.

[II]. Se l'appellante non compare alla prima udienza, benché si sia anteriormente costituito, **il giudice**, con ordinanza non impugnabile, rinvia la causa ad una prossima udienza, della quale il cancelliere dà comunicazione all'appellante. Se anche alla nuova udienza l'appellante non compare, l'appello è dichiarato improcedibile anche d'ufficio.

[III]. L'improcedibilità dell'appello è dichiarata con sentenza. Davanti alla corte di appello l'istruttore, se nominato, provvede con ordinanza reclamabile nelle forme e nei termini previsti dal terzo, quarto e quinto comma dell'articolo 178, e il collegio procede ai sensi dell'articolo 308, secondo comma.

Diritto intertemporale: la disposizione si applica ai procedimenti introdotti successivamente al 28 febbraio 2023.

Commento

La noma in esame, sostituendo il termine "giudice" al termine "collegio", chiarisce che le attività da essa descritte possono essere compiute, se viene nominato, dal giudice istruttore.

Art. 350

4. Al libro secondo, titolo III del codice di procedura civile sono apportate le seguenti modificazioni:

f) all'articolo 350 sono aggiunti, in fine, i seguenti commi:

«L'estinzione del processo è dichiarata nei modi e nelle forme previste dall'articolo 348, terzo comma.

Davanti alla corte di appello, i provvedimenti sono pronunciati dall'istruttore, se nominato, nei casi espressamente previsti e nei casi di cui agli articoli 309 e 355; in ogni altro caso sono pronunciati dal collegio.»;

Art. 350. Trattazione.

[I]. Davanti alla corte di appello la trattazione dell'appello è affidata all'istruttore, se nominato, e la decisione è collegiale; davanti al tribunale l'appello è trattato e deciso dal giudice monocratico.

[II]. Nella prima udienza di trattazione il giudice verifica la regolare costituzione del giudizio e, quando occorre, ordina l'integrazione di esso o la notificazione prevista dall'articolo 332, dichiara la contumacia dell'appellato oppure dispone che si rinnovi la notificazione dell'atto di appello, e provvede alla riunione degli appelli proposti contro la stessa sentenza.

[III]. Quando rileva che ricorre l'ipotesi di cui all'articolo 348-bis il giudice, sentite le parti, dispone la discussione orale della causa ai sensi dell'articolo 350-bis. Allo stesso modo può provvedere quando l'impugnazione appare manifestamente fondata, o comunque quando lo ritenga opportuno in ragione della ridotta complessità o dell'urgenza della causa.

[IV]. Quando non provvede ai sensi del terzo comma, nella stessa udienza il giudice procede al tentativo di conciliazione ordinando, quando occorre, la comparizione personale delle parti; provvede inoltre sulle eventuali richieste istruttorie, dando le disposizioni per l'assunzione davanti a sé delle prove ammesse.

[V]. L'estinzione del processo è dichiarata nei modi e nelle forme previste dall'articolo 348, terzo comma.

[VI]. Davanti alla corte di appello, i provvedimenti sono pronunciati dall'istruttore, se nominato, nei casi espressamente previsti e nei casi di cui agli articoli 309 e 355; in ogni altro caso sono pronunciati dal collegio.

Diritto intertemporale: la disposizione si applica ai procedimenti introdotti successivamente al 28 febbraio 2023.

Commento

La norma in commento precisa i rapporti fra collegio ed istruttore – quando esso è nominato – ed i poteri di quest'ultimo.

Con riferimento all'estinzione, viene richiamata la disciplina dell'improcedibilità. Pertanto, se è nominato un istruttore, l'estinzione viene da lui dichiarata con ordinanza, reclamabile ai sensi dell'art. 178, commi 3, 4 e 5, c.p.c. Se il reclamo è proposto, e il collegio lo accoglie, pronuncia ordinanza; se lo rigetta, pronuncia sentenza: art. 308, comma 2, c.p.c.

Per quanto riguarda i provvedimenti dell'istruttore, la norma precisa che – oltre a quelli espressamente previsti: artt. 348, 350, 350-*bis*, 351, 352 c.p.c.) – spettano all'istruttore, ovviamente se nominato, anche quelli di cui agli artt. 309 (mancata comparizione delle parti ad un'udienza successiva alla prima e cancellazione della causa dal ruolo) e 355 (sospensione del processo per la proposizione di querela di falso) c.p.c.

Se l'istruttore non è nominato, tutti i provvedimenti sono presi dal collegio. In tal caso, se il collegio rigetta l'eccezione di estinzione, pronuncia ordinanza; se l'accoglie, pronuncia sentenza.

4. Al libro secondo, titolo III del codice di procedura civile sono apportate le seguenti modificazioni:

g) all'articolo 351, il terzo comma è sostituito dal seguente:

«Il presidente del collegio ordina con decreto la comparizione delle parti in camera di consiglio davanti all'istruttore, se nominato, o davanti al collegio. Quando l'appello è proposto al tribunale, il giudice fissa l'udienza davanti a sé. Con lo stesso decreto, se ricorrono giusti motivi di urgenza, può essere provvisoriamente disposta l'immediata sospensione dell'efficacia esecutiva o dell'esecuzione della sentenza; in tal caso, con l'ordinanza non impugnabile pronunciata all'esito dell'udienza in camera di consiglio il collegio o il tribunale conferma, modifica o revoca il decreto.»;

Art. 351. Provvedimenti sull'esecuzione provvisoria.

[I]. Sull'istanza prevista dal primo e dal secondo comma dell'articolo 283 il giudice provvede con ordinanza non impugnabile nella prima udienza. Davanti alla corte di appello, i provvedimenti sull'esecuzione provvisoria sono adottati con ordinanza collegiale. Se nominato, l'istruttore, sentite le parti, riferisce al collegio.

[II]. La parte può, con ricorso al giudice, chiedere che la decisione sulla sospensione sia pronunziata prima dell'udienza di comparizione. Davanti alla corte di appello il ricorso è presentato al presidente del collegio.

[III]. Il presidente del collegio ordina con decreto la comparizione delle parti in camera di consiglio davanti all'istruttore, se nominato, o davanti al collegio. Quando l'appello è proposto al tribunale, il giudice fissa l'udienza davanti a sé. Con lo stesso decreto, se ricorrono giusti motivi di urgenza, può essere provvisoriamente disposta l'immediata sospensione dell'efficacia esecutiva o dell'esecuzione della sentenza; in tal caso, con l'ordinanza non impugnabile pronunciata all'esito dell'udienza in camera di consiglio il collegio o il tribunale conferma, modifica o revoca il decreto.

[IV]. Il giudice, all'udienza prevista dal primo comma, se ritiene la causa matura per la decisione, può provvedere ai sensi dell'articolo 281-*sexies*. Davanti alla corte di appello, se l'udienza è stata tenuta dall'istruttore il collegio, con l'ordinanza con cui adotta i provvedimenti sull'esecuzione provvisoria, fissa udienza davanti a sé per la precisazione delle conclusioni e la discussione orale e assegna alle parti un termine per note conclusionali. Se per la decisione sulla sospensione è stata fissata l'udienza di cui al terzo comma, il giudice fissa apposita udienza per la decisione della causa nel rispetto dei termini a comparire.

Diritto intertemporale: la disposizione si applica ai procedimenti introdotti successivamente al 28 febbraio 2023.

Commento

La norma in commento coordina le modalità di pronuncia sulla richiesta di sospensione. L'ordinanza in questione è sempre di competenza del collegio. Se l'istruttore non è nominato, la comparizione delle parti avviene innanzi al collegio; se è nominato, la comparizione avviene innanzi al giudice istruttore, che poi riferisce al collegio. Tutto ciò, naturalmente, se l'appello pende innanzi alla corte di appello.

Se è chiesta l'immediata sospensione dell'efficacia esecutiva della sentenza, su di essa pronuncia il presidente (e non il giudice istruttore, quand'anche nominato), il cui provvedimento è poi soggetto a conferma, modifica o revoca con ordinanza collegiale, avvenuta l'istaurazione del contraddittorio.

Art. 352

4. Al libro secondo, titolo III del codice di procedura civile sono apportate le seguenti modificazioni:

h) all'articolo 352, primo comma, le parole «l'istruttore» sono sostituite dalle seguenti: «il giudice»;

Art. 352. Decisione.

[I]. Esaurita l'attività prevista negli articoli 350 e 351, **il giudice**, quando non ritiene di procedere ai sensi dell'articolo 350-bis, fissa davanti a sé l'udienza di rimessione della causa in decisione e assegna alle parti, salvo che queste non vi rinuncino, i seguenti termini perentori:

1) un termine non superiore a sessanta giorni prima dell'udienza per il deposito di note scritte contenenti la sola precisazione delle conclusioni;

2) un termine non superiore a trenta giorni prima dell'udienza per il deposito delle comparse conclusionali;

3) un termine non superiore a quindici giorni prima per il deposito delle note di replica.

[II]. All'udienza la causa è trattenuta in decisione. Davanti alla corte di appello, l'istruttore riserva la decisione al collegio. La sentenza è depositata entro sessanta giorni.

Diritto intertemporale: la disposizione si applica ai procedimenti introdotti successivamente al 28 febbraio 2023.

Commento

La noma in esame, sostituendo il termine "giudice" al termine "collegio", chiarisce che le attività da essa descritte possono essere compiute, se questi viene nominato, dal giudice istruttore.

Art. 371

4. Al libro secondo, titolo III del codice di procedura civile sono apportate le seguenti modificazioni:

i) all'articolo 371, quarto comma, le parole «a norma dell'articolo precedente» sono sostituite dalle seguenti: «entro quaranta giorni dal deposito dell'atto di cui al primo e al secondo comma»;

Art. 371. Ricorso incidentale.

[I]. La parte di cui all'articolo precedente deve proporre con l'atto contenente il controricorso l'eventuale ricorso incidentale contro la stessa sentenza.

[II]. La parte alla quale è stato notificato il ricorso per integrazione a norma degli articoli 331 e 332 deve proporre l'eventuale ricorso incidentale con atto depositato nel termine di quaranta giorni dalla notificazione.

[III]. Al ricorso incidentale si applicano le disposizioni degli articoli 365, 366 e 369.

[IV]. Per resistere al ricorso incidentale può essere depositato un controricorso **entro quaranta giorni dal deposito dell'atto di cui al primo e al secondo comma.**

[V]. Se il ricorrente principale deposita la copia della sentenza o della decisione impugnata, non è necessario che la depositi anche il ricorrente per incidente.

Diritto intertemporale: la disposizione si applica ai procedimenti introdotti successivamente al 28 febbraio 2023.

Commento

La norma in commento pone rimedio ad un mancato coordinamento fra le modalità di proposizione del ricorso incidentale ed il controricorso allo stesso.

Prima della riforma, il controricorso era notificato al ricorrente; dopo la riforma, esso è semplicemente depositato nel fascicolo informatico. Senonché l'art. 371, comma 2, c.p.c. faceva decorrere il termine per la proposizione del controricorso al ricorso incidentale dalla notificazione di quest'ultimo, notificazione che non è più prevista.

Con la modifica in esame, il termine per il controricorso al ricorso incidentale decorre (non dalla notifica di quest'ultimo, che non è più prevista, ma) dall'effettivo deposito di questo, e non dalla scadenza del termine per depositarlo. Occorrerà quindi che il ricorrente controlli periodicamente quando il resistente ha depositato il controricorso.

Art. 371-*bis*

4. Al libro secondo, titolo III del codice di procedura civile sono apportate le seguenti modificazioni:

l) all'articolo 371-*bis*, le parole «nella cancelleria della Corte stessa» sono soppresse;

Art. 371-*bis*. Deposito dell'atto di integrazione del contraddittorio.

[I]. Qualora la Corte abbia ordinato l'integrazione del contraddittorio, assegnando alle parti un termine perentorio per provvedervi, il ricorso notificato, contenente nell'intestazione le parole «atto di integrazione del contraddittorio», deve essere depositato, a pena di improcedibilità, entro venti giorni dalla scadenza del termine assegnato.

Diritto intertemporale: la disposizione si applica ai procedimenti introdotti successivamente al 28 febbraio 2023.

Commento

La norma in commento elimina il riferimento al deposito in cancelleria, poiché ora tale deposito si effettua nel fascicolo informatico.

Art. 373

4. Al libro secondo, titolo III del codice di procedura civile sono apportate le seguenti modificazioni:

m) all'articolo 373, secondo comma, le parole «in calce al ricorso» sono soppresse;

Art. 373. Sospensione dell'esecuzione.

[I]. Il ricorso per cassazione non sospende la esecuzione della sentenza. Tuttavia il giudice che ha pronunciato la sentenza impugnata può, su istanza di parte e qualora dall'esecuzione possa derivare grave e irreparabile danno, disporre con ordinanza non impugnabile che l'esecuzione sia sospesa o che sia prestata congrua cauzione.

[II]. L'istanza si propone con ricorso al giudice di pace, al tribunale in composizione monocratica o al presidente del collegio, il quale, con decreto, ordina la comparizione delle parti rispettivamente dinanzi a sé o al collegio in camera di consiglio. Copia del ricorso e del decreto sono notificate al procuratore dell'altra parte, ovvero alla parte stessa, se questa sia stata in giudizio senza ministero di difensore o non si sia costituita nel giudizio definito con la sentenza impugnata. Con lo stesso decreto, in caso di eccezionale urgenza, può essere disposta provvisoriamente l'immediata sospensione dell'esecuzione.

Diritto intertemporale: la disposizione si applica ai procedimenti introdotti successivamente al 28 febbraio 2023.

Commento

La norma in commento prende atto dell'impossibilità di inserire il decreto in calce ad un atto digitale. Pertanto ora il provvedimento del giudice sarà costituito da un atto autonomo.

Art. 380-*bis*

4 Al libro secondo, titolo III, del codice di procedura civile sono apportate le seguenti modificazioni:

n) all'articolo 380-*bis*, secondo comma, le parole «munito di una nuova procura speciale» sono soppresse;

Art. 380-*bis* – Procedimento per la decisione accelerata dei ricorsi inammissibili, improcedibili o manifestamente infondati.

[I]. Se non è stata ancora fissata la data della decisione, il presidente della sezione o un consigliere da questo delegato può formulare una sintetica proposta di definizione del giudizio, quando ravvisa la inammissibilità, improcedibilità o manifesta infondatezza del ricorso principale e di quello incidentale eventualmente proposto. La proposta è comunicata ai difensori delle parti.

[II]. Entro quaranta giorni dalla comunicazione la parte ricorrente, con istanza sottoscritta dal difensore, può chiedere la decisione. In mancanza, il ricorso si intende rinunciato e la Corte provvede ai sensi dell'articolo 391.

[III]. Se entro il termine indicato al secondo comma la parte chiede la decisione, la Corte procede ai sensi dell'articolo 380-bis.1 e quando definisce il giudizio in conformità alla proposta applica il terzo e il quarto comma dell'articolo 96.

Diritto intertemporale: la disposizione si applica ai procedimenti introdotti successivamente al 28 febbraio 2023.

Commento

Con la norma in commento il d.lgs., accogliendo un'osservazione della Camera, ha eliminato la necessità che per la richiesta di decisione fosse necessaria una nuova procura speciale.

Art. 384

4. Al libro secondo, titolo III del codice di procedura civile sono apportate le seguenti modificazioni:

o) all'articolo 384, terzo comma, le parole «in cancelleria» sono soppresse;

Art. 384. Enunciazione del principio di diritto e decisione della causa nel merito.

[I]. La Corte enuncia il principio di diritto quando decide il ricorso proposto a norma dell'articolo 360, primo comma, n. 3), e in ogni altro caso in cui, decidendo su altri motivi del ricorso, risolve una questione di diritto di particolare importanza.

[II]. La Corte, quando accoglie il ricorso, cassa la sentenza rinviando la causa ad altro giudice, il quale deve uniformarsi al principio di diritto e comunque a quanto statuito dalla Corte, ovvero decide la causa nel merito qualora non siano necessari ulteriori accertamenti di fatto.

[III]. Se ritiene di porre a fondamento della sua decisione una questione rilevata d'ufficio, la Corte riserva la decisione, assegnando con ordinanza al pubblico ministero e alle parti un termine non inferiore a venti e non superiore a sessanta giorni dalla comunicazione per il deposito di osservazioni sulla medesima questione.

[IV]. Non sono soggette a cassazione le sentenze erroneamente motivate in diritto, quando il dispositivo sia conforme al diritto; in tal caso la Corte si limita a correggere la motivazione.

Diritto intertemporale: la disposizione si applica ai procedimenti introdotti successivamente al 28 febbraio 2023.

Commento

La norma in commento elimina il riferimento al deposito in cancelleria, poiché ora tale deposito si effettua nel fascicolo informatico.

Art. 391-*quater*

4 Al libro secondo, titolo III del codice di procedura civile sono apportate le seguenti modificazioni:

p) all'articolo 391-*quater*, secondo comma, il primo periodo è sostituito dal seguente: «Il ricorso si propone nel termine di sessanta giorni dalla pubblicazione della sentenza definitiva della Corte europea ai sensi del regolamento della Corte stessa.»;

Art. 391-*quater*. Revocazione per contrarietà alla Convenzione europea dei diritti dell'uomo.

[I]. Le decisioni passate in giudicato il cui contenuto è stato dichiarato dalla Corte europea dei diritti dell'uomo contrario alla Convenzione per la salvaguardia dei Diritti dell'Uomo e delle Libertà fondamentali ovvero ad uno dei suoi Protocolli, possono essere impugnate per revocazione se concorrono le seguenti condizioni:

1) la violazione accertata dalla Corte europea ha pregiudicato un diritto di stato della persona;

2) l'equa indennità eventualmente accordata dalla Corte europea ai sensi dell'articolo 41 della Convenzione non è idonea a compensare le conseguenze della violazione.

[II]. **Il ricorso si propone nel termine di sessanta giorni dalla pubblicazione della sentenza definitiva della Corte europea ai sensi del regolamento della Corte stessa.** Si applica l'articolo 391-*ter*, secondo comma.

[III]. L'accoglimento della revocazione non pregiudica i diritti acquisiti dai terzi di buona fede che non hanno partecipato al giudizio svoltosi innanzi alla Corte europea.

Diritto intertemporale: la disposizione si applica ai procedimenti introdotti successivamente al 28 febbraio 2023.

Commento

La norma in commento, accogliendo una osservazione del Senato, fa decorrere il termine per la proposizione dell'impugnazione dalla pubblicazione della sentenza definitiva della CEDU. Infatti, il regolamento della CEDU prevede che le parti possano, entro novanta giorni dalla pronuncia della sentenza, chiedere che sulla questione si pronunci la Grande camera.

Art. 399

4. Al libro secondo, titolo III del codice di procedura civile sono apportate le seguenti modificazioni:

q) all'articolo 399:

1) al primo comma, le parole «nella cancelleria del giudice adito» sono soppresse;

2) al secondo comma, le parole «in cancelleria» sono soppresse.

Art. 399. Deposito della citazione e della risposta.

[I]. Se la revocazione è proposta davanti al tribunale o alla corte d'appello, la citazione deve essere depositata, a pena di improcedibilità, entro venti giorni dalla notificazione, insieme con la copia autentica della sentenza impugnata.

[II]. Le altre parti debbono costituirsi nello stesso termine mediante deposito di una comparsa contenente le loro conclusioni.

[III]. Se la revocazione è proposta davanti al giudice di pace il deposito e la costituzione di cui ai due commi precedenti debbono farsi a norma dell'articolo 319.

Diritto intertemporale: la disposizione si applica ai procedimenti introdotti successivamente al 28 febbraio 2023.

Commento

La norma in commento elimina il riferimento al deposito in cancelleria, poiché ora tale deposito si effettua nel fascicolo informatico.

Art. 414

5. Al libro secondo, titolo IV del codice di procedura civile sono apportate le seguenti modificazioni:

a) all'articolo 414, primo comma, il n. 2) è sostituito dal seguente:

«2) il nome, il cognome, il codice fiscale e la residenza o il domicilio del ricorrente, il nome, il cognome, il codice fiscale e la residenza o il domicilio o la dimora nonché l'indirizzo di posta elettronica certificata risultante da pubblici elenchi del convenuto; se ricorrente o convenuto è una persona giuridica, un'associazione non riconosciuta o un comitato, il ricorso deve indicare la denominazione o ditta nonché la sede del ricorrente o del convenuto;»;

Art. 414. Forma della domanda.

[I]. La domanda si propone con ricorso, il quale deve contenere:

1) l'indicazione del giudice;

2) il nome, il cognome, il codice fiscale e la residenza o il domicilio del ricorrente, il nome, il cognome, il codice fiscale e la residenza o il domicilio o la dimora nonché l'indirizzo di posta elettronica certificata risultante da pubblici elenchi del convenuto; se ricorrente o convenuto è una persona giuridica, un'associazione non riconosciuta o un comitato, il ricorso deve indicare la denominazione o ditta nonché la sede del ricorrente o del convenuto;

3) la determinazione dell'oggetto della domanda;

4) l'esposizione dei fatti e degli elementi di diritto sui quali si fonda la domanda con le relative conclusioni;

5) l'indicazione specifica dei mezzi di prova di cui il ricorrente intende avvalersi e in particolare dei documenti che si offrono in comunicazione.

Diritto intertemporale: la disposizione si applica ai procedimenti introdotti successivamente al 28 febbraio 2023.

Commento

La norma in commento estende anche al rito del lavoro alcuni elementi dell'atto introduttivo propri del rito ordinario. In particolare, ora è prescritta l'indicazione del codice fiscale di ambo le parti, nonché l'indirizzo pec del convenuto risultante da pubblici elenchi, poiché in questo caso la notificazione allo stesso deve avvenire ai sensi dell'art. 137 c.p.c.

Viene inoltre eliminata la dichiarazione di residenza o l'elezione di domicilio nel comune in cui ha sede il giudice adito, che riguarda solo chi sta in giudizio di persona: nel qual caso si applica l'art. 417 c.p.c.

Art. 415

5. Al libro secondo, titolo IV del codice di procedura civile sono apportate le seguenti modificazioni:

b) all'articolo 415, primo comma, le parole «nella cancelleria del giudice competente» sono soppresse;

Art. 415. Deposito del ricorso e decreto di fissazione dell'udienza.

[I]. Il ricorso è depositato insieme con i documenti in esso indicati.

[II]. Il giudice, entro cinque giorni dal deposito del ricorso, fissa, con decreto, l'udienza di discussione, alla quale le parti sono tenute a comparire personalmente.

[III]. Tra il giorno del deposito del ricorso e l'udienza di discussione non devono decorrere più di sessanta giorni.

[IV]. Il ricorso, unitamente al decreto di fissazione dell'udienza, deve essere notificato al convenuto, a cura dell'attore, entro dieci giorni dalla data di pronuncia del decreto, salvo quanto disposto dall'articolo 417.

[V]. Tra la data di notificazione al convenuto e quella dell'udienza di discussione deve intercorrere un termine non minore di trenta giorni.

[VI]. Il termine di cui al comma precedente è elevato a quaranta giorni e quello di cui al comma 3 è elevato a ottanta giorni nel caso in cui la notificazione prevista dal comma 4 debba effettuarsi all'estero.

[VII]. Nelle controversie relative ai rapporti di lavoro dei dipendenti delle pubbliche amministrazioni di cui al quinto comma dell'articolo 413, il ricorso è notificato direttamente presso l'amministrazione destinataria ai sensi dell'articolo 144, secondo comma. Per le amministrazioni statali o ad esse equiparate, ai fini della rappresentanza e difesa in giudizio, si osservano le disposizioni delle leggi speciali che prescrivono la notificazione presso gli uffici dell'Avvocatura dello Stato competente per territorio.

Diritto intertemporale: la disposizione si applica ai procedimenti introdotti successivamente al 28 febbraio 2023.

Commento

La norma in commento elimina il riferimento al deposito in cancelleria, poiché ora tale deposito si effettua nel fascicolo informatico.

Art. 416

5. Al libro secondo, titolo IV del codice di procedura civile sono apportate le seguenti modificazioni:

c) all'articolo 416:

1) al primo comma, le parole «, dichiarando la residenza o eleggendo domicilio nel comune in cui ha sede il giudice adito» sono soppresse;

2) al secondo comma, le parole «in cancelleria» sono soppresse;

Art. 416. Costituzione del convenuto.

[I]. Il convenuto deve costituirsi almeno dieci giorni prima della udienza.

[II]. La costituzione del convenuto si effettua mediante deposito di una memoria difensiva, nella quale devono essere proposte, a pena di decadenza, le eventuali domande in via riconvenzionale e le eccezioni processuali e di merito che non siano rilevabili d'ufficio.

[III]. Nella stessa memoria il convenuto deve prendere posizione, in maniera precisa e non limitata ad una generica contestazione, circa i fatti affermati dall'attore a fondamento della domanda, proporre tutte le sue difese in fatto e in diritto ed indicare specificamente, a pena di decadenza, i mezzi di prova dei quali intende avvalersi ed in particolare i documenti che deve contestualmente depositare.

Diritto intertemporale: la disposizione si applica ai procedimenti introdotti successivamente al 28 febbraio 2023.

Commento

La norma in commento elimina il riferimento al deposito in cancelleria, poiché ora tale deposito si effettua nel fascicolo informatico.

Viene inoltre eliminata la dichiarazione di residenza o l'elezione di domicilio nel comune in cui ha sede il giudice adito, che riguarda solo chi sta in giudizio di persona: nel qual caso si applica l'art. 417 c.p.c.

Art. 417

5. Al libro secondo, titolo IV del codice di procedura civile sono apportate le seguenti modificazioni:

d) all'articolo 417, secondo comma, dopo le parole «con elezione di domicilio nell'ambito del territorio della Repubblica» sono aggiunte le seguenti: «e può indicare un indirizzo di posta elettronica certificata risultante da pubblici elenchi o eleggere un domicilio digitale speciale»;

Art. 417. Costituzione e difesa personali delle parti.

[I]. In primo grado la parte può stare in giudizio personalmente quando il valore della causa non eccede i 129,11 euro.

[II]. La parte che sta in giudizio personalmente propone la domanda nelle forme di cui all'articolo 414 o si costituisce nelle forme di cui all'articolo 416 con elezione di domicilio nell'ambito del territorio della **Repubblica e può indicare un indirizzo di posta elettronica certificata risultante da pubblici elenchi o eleggere un domicilio digitale speciale**.

[III]. Può proporre la domanda anche verbalmente davanti al giudice che ne fa redigere processo verbale.

[IV]. Il ricorso o il processo verbale con il decreto di fissazione dell'udienza devono essere notificati al convenuto e allo stesso attore a cura della cancelleria entro i termini di cui all'articolo 415.

[V]. Alle parti che stanno in giudizio personalmente ogni ulteriore atto o memoria deve essere notificato dalla cancelleria.

Diritto intertemporale: la disposizione si applica ai procedimenti introdotti successivamente al 28 febbraio 2023.

Commento

La norma in commento consente alla parte, che sta in giudizio personalmente, di indicare un indirizzo pec al quale verranno effettuate le notificazioni e comunicazioni, evitando così le notificazioni in cancelleria, previste dall'ultimo comma.

Art. 420

5. Al libro secondo, titolo IV del codice di procedura civile sono apportate le seguenti modificazioni:

e) all'articolo 420, sesto comma, le parole «in cancelleria» sono soppresse;

Art. 420. Udienza di discussione della causa.

[I]. Nell'udienza fissata per la discussione della causa il giudice interroga liberamente le parti presenti, tenta la conciliazione della lite e formula alle parti una proposta transattiva o conciliativa. La mancata comparizione personale delle parti, o il rifiuto della proposta transattiva o conciliativa del giudice, senza giustificato motivo, costituiscono comportamento valutabile dal giudice ai fini del giudizio. Le parti possono, se ricorrono gravi motivi, modificare le domande, eccezioni e conclusioni già formulate, previa autorizzazione del giudice.

[II]. Le parti hanno facoltà di farsi rappresentare da un procuratore generale o speciale, il quale deve essere a conoscenza dei fatti della causa. La procura deve essere conferita con atto pubblico o scrittura privata autenticata e deve attribuire al procuratore il potere di conciliare o transigere la controversia [842]. La mancata conoscenza, senza gravi ragioni, dei fatti della causa da parte del procuratore è valutata dal giudice ai fini della decisione.

[III]. Il verbale di conciliazione ha efficacia di titolo esecutivo.

[IV]. Se la conciliazione non riesce e il giudice ritiene la causa matura per la decisione, o se sorgono questioni attinenti alla giurisdizione o alla competenza o ad altre pregiudiziali la cui decisione può definire il giudizio, il giudice invita le parti alla discussione e pronuncia sentenza anche non definitiva dando lettura del dispositivo.

[V]. Nella stessa udienza ammette i mezzi di prova già proposti dalle parti e quelli che le parti non abbiano potuto proporre prima, se ritiene che siano rilevanti, disponendo, con ordinanza resa nell'udienza, per la loro immediata assunzione.

[VI]. Qualora ciò non sia possibile, fissa altra udienza, non oltre dieci giorni dalla prima, concedendo alle parti, ove ricorrano giusti motivi, un termine perentorio non superiore a cinque giorni prima dell'udienza di rinvio per il deposito di note difensive.

[VII]. Nel caso in cui vengano ammessi nuovi mezzi di prova, a norma del quinto comma, la controparte può dedurre i mezzi di prova che si rendano necessari in relazione a quelli ammessi, con assegnazione di un termine perentorio di cinque giorni. Nell'udienza fissata a norma del precedente comma il giudice ammette, se rilevanti, i nuovi mezzi di prova dedotti dalla controparte e provvede alla loro assunzione.

[VIII]. L'assunzione delle prove deve essere esaurita nella stessa udienza o, in caso di necessità, in udienza da tenersi nei giorni feriali immediatamente successivi.

[IX]. Nel caso di chiamata in causa a norma degli articoli 102, secondo comma, 106 e 107, il giudice fissa una nuova udienza e dispone che, entro cinque giorni, siano notificati al terzo il provvedimento nonché il ricorso introduttivo e l'atto di costituzione del convenuto, osservati i termini di cui ai commi terzo, quinto e sesto, dell'articolo 415. Il termine massimo entro il quale deve tenersi la nuova udienza decorre dalla pronuncia del provvedimento di fissazione.

[X]. Il terzo chiamato deve costituirsi non meno di dieci giorni prima dell'udienza fissata, depositando la propria memoria a norma dell'articolo 416.

[XI]. A tutte le notificazioni e comunicazioni occorrenti provvede l'ufficio.

[XII]. Le udienze di mero rinvio sono vietate.

Diritto intertemporale: la disposizione si applica ai procedimenti introdotti successivamente al 28 febbraio 2023.

Commento

La norma in commento elimina il riferimento al deposito in cancelleria, poiché ora tale deposito si effettua nel fascicolo informatico.

Art. 420-*bis*

5. Al libro secondo, titolo IV del codice di procedura civile sono apportate le seguenti modificazioni:

f) all'articolo 420-bis, terzo comma, le parole «presso la cancelleria del giudice che ha emesso» sono sostituite dalle seguenti: «nel fascicolo d'ufficio contenente»;

Art. 420-*bis*. Accertamento pregiudiziale sull'efficacia, validità ed interpretazione dei contratti e accordi collettivi.

[I]. Quando per la definizione di una controversia di cui all'articolo 409 è necessario risolvere in via pregiudiziale una questione concernente l'efficacia, la validità o l'interpretazione delle clausole di un contratto o accordo collettivo nazionale, il giudice decide con sentenza tale questione, impartendo distinti provvedimenti per l'ulteriore istruzione o, comunque, per la prosecuzione della causa fissando una successiva udienza in data non anteriore a novanta giorni.

[II]. La sentenza è impugnabile soltanto con ricorso immediato per cassazione da proporsi entro sessanta giorni dalla comunicazione dell'avviso di deposito della sentenza.

[III]. Copia del ricorso per cassazione deve, a pena di inammissibilità del ricorso, essere depositata **nel fascicolo d'ufficio contenente** la sentenza impugnata entro venti giorni dalla notificazione del ricorso alle altre parti; il processo è sospeso dalla data del deposito.

Diritto intertemporale: la disposizione si applica ai procedimenti introdotti successivamente al 28 febbraio 2023.

Commento

La norma in commento elimina il riferimento al deposito in cancelleria, poiché ora tale deposito si effettua nel fascicolo informatico.

Art. 426.

5. Al libro secondo, titolo IV del codice di procedura civile sono apportate le seguenti modificazioni:

g) all'articolo 426, primo comma, le parole «in cancelleria» sono soppresse;

Art. 426. Passaggio dal rito ordinario al rito speciale.

[I]. Il giudice, quando rileva che una causa promossa nelle forme ordinarie riguarda uno dei rapporti previsti dall'articolo 409, fissa con ordinanza l'udienza di cui all'articolo 420 e il termine perentorio entro il quale le parti dovranno provvedere all'eventuale integrazione degli atti introduttivi mediante deposito di memorie e documenti.

[II]. Nell'udienza come sopra fissata provvede a norma degli articoli che precedono.

Diritto intertemporale: la disposizione si applica ai procedimenti introdotti successivamente al 28 febbraio 2023.

Commento

La norma in commento elimina il riferimento al deposito in cancelleria, poiché ora tale deposito si effettua nel fascicolo informatico.

Art. 434

5. Al libro secondo, titolo IV del codice di procedura civile sono apportate le seguenti modificazioni:

h) all'articolo 434:

1) il primo comma è sostituito dal seguente:

«Il ricorso deve contenere le indicazioni prescritte dall'articolo 414 e deve essere motivato in modo chiaro, sintetico e specifico. Per ciascuno dei motivi, a pena di inammissibilità, l'appello deve individuare lo specifico capo della decisione impugnato e in relazione a questo deve indicare:

1) le censure proposte alla ricostruzione dei fatti compiuta dal giudice di primo grado;

2) le violazioni di legge denunciate e la loro rilevanza ai fini della decisione impugnata.»;

2) al secondo comma, le parole «nella cancelleria della corte di appello» sono soppresse;

Art. 434. Giudice d'appello.

[I]. **Il ricorso deve contenere le indicazioni prescritte dall'articolo 414 e deve essere motivato in modo chiaro, sintetico e specifico. Per ciascuno dei motivi, a pena di inammissibilità, l'appello deve individuare lo specifico capo della decisione impugnato e in relazione a questo deve indicare:**

1) le censure proposte alla ricostruzione dei fatti compiuta dal giudice di primo grado;

2) le violazioni di legge denunciate e la loro rilevanza ai fini della decisione impugnata.

[II]. Ove l'esecuzione sia iniziata, prima della notificazione della sentenza, l'appello può essere proposto con riserva dei motivi che dovranno essere presentati nel termine di cui all'articolo 434.

Diritto intertemporale: la disposizione si applica ai procedimenti introdotti successivamente al 28 febbraio 2023.

Commento

La norma in commento prevede per l'atto di appello di rito lavoro lo stesso contenuto dell'atto di appello di rito ordinario.

Art. 436

5. Al libro secondo, titolo IV del codice di procedura civile sono apportate le seguenti modificazioni:

i) all'articolo 436, secondo comma, le parole «in cancelleria del fascicolo e» sono soppresse;

Art. 436. Costituzione dell'appellato e appello incidentale.

[I]. L'appellato deve costituirsi almeno dieci giorni prima dell'udienza.

[II]. La costituzione dell'appellato si effettua mediante deposito di una memoria difensiva, nella quale deve essere contenuta dettagliata esposizione di tutte le sue difese.

[III]. Se propone appello incidentale, l'appellato deve esporre nella stessa memoria i motivi specifici su cui fonda l'impugnazione. L'appello incidentale deve essere proposto, a pena di decadenza, nella memoria di costituzione, da notificarsi, a cura dell'appellato, alla controparte almeno dieci giorni prima dell'udienza fissata a norma dell'articolo precedente.

[IV]. Si osservano, in quanto applicabili, le disposizioni dell'articolo 416.

Diritto intertemporale: la disposizione si applica ai procedimenti introdotti successivamente al 28 febbraio 2023.

Commento

La norma in commento elimina il riferimento al deposito in cancelleria, poiché ora tale deposito si effettua nel fascicolo informatico.

Art. 445-*bis*

5. Al libro secondo, titolo IV del codice di procedura civile sono apportate le seguenti modificazioni:

l) all'articolo 445-*bis*, quarto comma, le parole «devono dichiarare, con atto scritto depositato in cancelleria» sono soppresse, e dopo le parole «del consulente tecnico dell'ufficio» sono aggiunte le seguenti: «, devono depositare la relativa dichiarazione».

Art. 445-*bis*. Accertamento tecnico preventivo obbligatorio.

[I]. Nelle controversie in materia di invalidità civile, cecità civile, sordità civile, handicap e disabilità, nonché di pensione di inabilità e di assegno di invalidità, disciplinati dalla legge 12 giugno 1984, n. 222, chi intende proporre in giudizio domanda per il riconoscimento dei propri diritti presenta con ricorso al giudice competente ai sensi dell'articolo 442 codice di procedura civile., presso il Tribunale nel cui circondario risiede l'attore, istanza di accertamento tecnico per la verifica preventiva delle condizioni sanitarie legittimanti la pretesa fatta valere. Il giudice procede a norma dell'articolo 696 – bis codice di procedura civile, in quanto compatibile nonché secondo le previsioni inerenti all'accertamento peritale di cui all'articolo 10, comma 6-bis, del decreto-legge 30 settembre 2005, n. 203, convertito, con modificazioni, dalla legge 2 dicembre 2005, n. 248, e all'articolo 195.

[II]. L'espletamento dell'accertamento tecnico preventivo costituisce condizione di procedibilità della domanda di cui al primo comma. L'improcedibilità deve essere eccepita dal convenuto a pena di decadenza o rilevata d'ufficio dal giudice, non oltre la prima udienza. Il giudice ove rilevi che l'accertamento tecnico preventivo non è stato espletato ovvero che è iniziato ma non si è concluso, assegna alle parti il termine di quindici giorni per la presentazione dell'istanza di accertamento tecnico ovvero di completamento dello stesso.

[III]. La richiesta di espletamento dell'accertamento tecnico interrompe la prescrizione.

[IV]. Il giudice, terminate le operazioni di consulenza, con decreto comunicato alle parti, fissa un termine perentorio non superiore a trenta giorni, entro il quale le medesime, se intendono contestare le conclusioni del consulente tecnico dell'ufficio, **devono depositare la relativa dichiarazione**.

[V]. In assenza di contestazione, il giudice, se non procede ai sensi dell'articolo 196, con decreto pronunciato fuori udienza entro trenta giorni dalla scadenza del termine previsto dal comma precedente omologa l'accertamento del requisito sanitario secondo le risultanze probatorie indicate nella relazione del consulente tecnico dell'ufficio provvedendo sulle spese. Il decreto, non impugnabile né modificabile, è notificato agli enti competenti, che provvedono, subordinatamente alla verifica di tutti gli ulteriori requisiti previsti dalla normativa vigente, al pagamento delle relative prestazioni, entro 120 giorni.

[VI]. Nei casi di mancato accordo la parte che abbia dichiarato di contestare le conclusioni del consulente tecnico dell'ufficio deve depositare, presso il giudice di cui al comma primo, entro il termine perentorio di trenta giorni dalla formulazione della dichiarazione di dissenso, il ricorso introduttivo del giudizio, specificando, a pena di inammissibilità, i motivi della contestazione.

[VII]. La sentenza che definisce il giudizio previsto dal comma precedente è inappellabile.

Diritto intertemporale: la disposizione si applica ai procedimenti introdotti successivamente al 28 febbraio 2023.

Commento

La norma in commento elimina il riferimento al deposito in cancelleria, poiché ora tale deposito si effettua nel fascicolo informatico.

Art. 473-*bis*

6. Al libro secondo, titolo IV-*bis* del codice di procedura civile sono apportate le seguenti modificazioni:

a) all'articolo 473-*bis*:

1) il primo comma è sostituito dal seguente:

«Le disposizioni del presente titolo si applicano ai procedimenti relativi allo stato delle persone, ai minorenni e alle famiglie attribuiti alla competenza del tribunale ordinario, del giudice tutelare e del tribunale per i minorenni nonché alle domande di risarcimento del danno conseguente a violazione dei doveri familiari, salvo che la legge disponga diversamente. Sono in ogni caso esclusi i procedimenti di scioglimento della comunione legale, quelli volti alla dichiarazione di adottabilità, quelli di adozione di minori di età e quelli attribuiti alla competenza delle sezioni specializzate in materia di immigrazione, protezione internazionale e libera circolazione dei cittadini dell'Unione europea.»;

2) dopo il secondo comma sono aggiunti i seguenti:

«Quando rileva che uno dei procedimenti previsti dal primo comma è promosso in forme diverse da quelle previste dal presente titolo, il giudice ordina il mutamento del rito e fissa l'udienza di cui all'articolo 473-*bis*.21 assegnando alle parti termini perentori per l'eventuale integrazione degli atti.

Quando rileva che una causa promossa nelle forme stabilite dal presente titolo riguarda un procedimento diverso da quelli previsti dal primo comma, il giudice, se la causa stessa rientra nella sua competenza, ordina il mutamento del rito dando le disposizioni per l'ulteriore corso del processo, altrimenti dichiara la propria incompetenza e fissa un termine perentorio per la riassunzione della causa con il rito per essa previsto.

I provvedimenti di cui al terzo e al quarto comma sono pronunciati non oltre la prima udienza. Gli effetti sostanziali e processuali della domanda si producono secondo le forme del rito seguito prima del mutamento e restano ferme le decadenze e le preclusioni maturate secondo le norme del rito seguito prima del mutamento.»;

3) la rubrica è sostituita dalla seguente: «Ambito di applicazione. Mutamento del rito»;

Art. 473-*bis*. Ambito di applicazione. Mutamento del rito.

[I]. **Le disposizioni del presente titolo si applicano ai procedimenti relativi allo stato delle persone, ai minorenni e alle famiglie attribuiti alla competenza del tribunale ordinario, del giudice tutelare e del tribunale per i minorenni nonché alle domande di risarcimento del danno conseguente a violazione dei doveri fa-**

miliari, salvo che la legge disponga diversamente. Sono in ogni caso esclusi i procedimenti di scioglimento della comunione legale, quelli volti alla dichiarazione di adottabilità, quelli di adozione di minori di età e quelli attribuiti alla competenza delle sezioni specializzate in materia di immigrazione, protezione internazionale e libera circolazione dei cittadini dell'Unione europea.

[II]. Per quanto non disciplinato dal presente titolo, i procedimenti di cui al primo comma sono regolati dalle norme previste dai titoli I e III del libro secondo.

[III]. Quando rileva che uno dei procedimenti previsti dal primo comma è promosso in forme diverse da quelle previste dal presente titolo, il giudice ordina il mutamento del rito e fissa l'udienza di cui all'articolo 473-*bis*.21 assegnando alle parti termini perentori per l'eventuale integrazione degli atti.

[IV]. Quando rileva che una causa promossa nelle forme stabilite dal presente titolo riguarda un procedimento diverso da quelli previsti dal primo comma, il giudice, se la causa stessa rientra nella sua competenza, ordina il mutamento del rito dando le disposizioni per l'ulteriore corso del processo, altrimenti dichiara la propria incompetenza e fissa un termine perentorio per la riassunzione della causa con il rito per essa previsto.

[V]. I provvedimenti di cui al terzo e al quarto comma sono pronunciati non oltre la prima udienza. Gli effetti sostanziali e processuali della domanda si producono secondo le forme del rito seguito prima del mutamento e restano ferme le decadenze e le preclusioni maturate secondo le norme del rito seguito prima del mutamento.

Diritto intertemporale: la disposizione si applica ai procedimenti introdotti successivamente al 28 febbraio 2023.

Commento

La norma in commento introduce due novità, e contiene una omissione.

La prima modifica riguarda l'ambito di applicazione del rito di famiglia. Si precisa che rientrano in questo rito le controversie in materia di danno endofamiliare, mentre restano escluse le domande di divisione della comunione legale, le quali nella sostanza non differiscono da tutte le altre domande di divisione di beni comuni.

§ 2. La seconda modifica introduce una disciplina del mutamento di rito, mutuandola – come vedremo fra poco – non già dagli artt. 426 e 427 c.p.c., sibbene dall'art. 4 del d.lgs. n. 150/2011. Si prevede che nella causa, iniziata erroneamente con un rito diverso da quello di famiglia, il giudice, disposto il mutamento di rito, fissa la prima udienza *ex* art. 473-*bis*.21 c.p.c., dando termine per l'eventuale integrazione degli atti. Se, viceversa, è stata iniziata erroneamente con il rito di famiglia una causa che deve essere trattata con un rito diverso, il giudice dà disposizioni per l'ulteriore corso del processo.

Resta il problema dei provvedimenti da prendere quando la causa deve essere trattata con il rito ordinario: il processo proseguirà ai sensi degli artt. 163 e seguenti, oppure ai sensi degli art. 281-*decies* e seguenti c.p.c.? La soluzione probabilmente più opportuna è rimettere al giudice la scelta, che egli determinerà sulla base dell'esistenza o meno delle condizioni previste dall'art. 281-*decies* c.p.c.

Va poi sottolineata la non congruenza di quanto disposto dal terzo e dal quarto comma. In quest'ultimo si prende atto che il mutamento da rito famiglia ad un rito diverso può comportare anche l'applicazione di differenti regole di competenza; non altrettanto si prevede nel comma 3, nonostante che il mutamento da un rito diverso al rito di famiglia possa anch'esso portare all'applicazione di differenti regole di competenza. Ma non vi è dubbio che anche in questo caso il giudice debba dichiarare la propria incompetenza.

Ciò posto, resta però un grave difetto nella previsione normativa. Come accennato, il modello adottato dal legislatore non è quello degli artt. 426 e 427 c.p.c., sibbene quello dell'art. 4 del d.lgs. n. 150/2011. La differenza fondamentale fra le due tecniche sta in ciò, che il rito del lavoro prevede la possibilità di mutamento del rito durante tutta la pendenza del processo, mentre nell'altro caso il mutamento del rito è possibile solo alla prima udienza.

Ora, cinquant'anni di esperienza in materia di rito del lavoro hanno appurato che la trattazione della causa con il rito sbagliato produce una nullità processuale «soltanto se la parte che se ne dolga in sede di impugnazione indichi lo specifico pregiudizio processuale concretamente derivatole dalla mancata adozione del rito diverso, quali una precisa e apprezzabile lesione del diritto di difesa, del contraddittorio e, in generale, delle prerogative processuali protette della parte» (così Cass. 19 gennaio 2017, n. 1332; Cass. 27 gennaio 2015, n. 1448). Sicché, ciò che nei rapporti fra cause di lavoro e cause non di lavoro, può fare la differenza (sostanzialmente, se non unicamente, l'utilizzabilità o meno delle prove e delle presunzioni al di là dei limiti previsti dal c.c.) e che nei rapporti fra cause non di lavoro difficilmente può accadere, è invece costante nei rapporti fra cause di rito famiglia ed altre cause.

Se, infatti, verifichiamo le differenze che vi sono in ordine ai poteri del giudice ed alle preclusioni nelle cause soggette al rito di famiglia, constatiamo che tutte le altre controversie sono assoggettate a regimi ben diversi da quelle che si svolgono con il rito di famiglia.

Si ritiene veramente che, instaurata con il rito ordinario una causa che è soggetta al rito di famiglia, e trascorsa la prima udienza senza che l'errore sia stato rilevato, il processo possa proseguire senza che il p.m. possa intervenire, senza che il giudice possa esercitare i poteri di cui all'art. 473-*bis*.2 c.p.c., senza che le parti possano far valere quanto previsto dall'art. 473-*bis*.19, e via di seguito?

§ 3. La lamentata omissione riguarda la mancanza di una disciplina specifica del rito da utilizzare quando vi è la connessione fra più cause, delle quali una soggetta al rito famiglia ed una ad un rito diverso. L'art. 40 c.p.c. non è stato aggiornato, e quindi rimane il problema di quale sia il rito applicabile.

In verità, la Camera aveva suggerito al Governo di introdurre, nell'art. 40 c.p.c., una regola relativa al rito da seguire in ipotesi di connessione fra causa di famiglia e causa non di famiglia. Il Governo ha ritenuto di non accogliere la richiesta, affermando che un consolidato orientamento di legittimità qualifica la connessione fra cause di famiglia e cause non di famiglia come "debole", e quindi inidonea a determinare la trattazione cumulate delle cause.

Ma la giurisprudenza citata dal Governo (Cass. 8 febbraio 2017, n. 3316; Cass. 21 maggio 2009, n. 11828. Cass. 13 aprile 2022, n. 11964 non si occupa della questione) afferma solo che *se* vi è una connessione debole, le cause non vanno trattate congiuntamente: nei casi decisi dalle due sentenze indicate, si trattava della restituzione di beni mobili e somme di denaro. Ma non afferma in alcun modo che *ogni* connessione fra cause di famiglia e cause non di famiglia sia una connessione debole.

Esemplificando: se un soggetto chiede il riconoscimento della filiazione e fa valere una lesione della legittima, cosa accadrà? Non si tratta certo di una connessione debole!

Art. 473.*bis*.14

6. Al libro secondo, titolo IV-*bis* del codice di procedura civile sono apportate le seguenti modificazioni:

b) all'articolo 473-*bis*.14:

1. al secondo comma, secondo periodo, le parole «quando il convenuto è malato di mente» sono sostituite dalle seguenti: «quando il convenuto è persona con disabilità psichica»;

2. dopo il sesto comma è aggiunto il seguente:

«Se sussistono ragioni di urgenza, il giudice può abbreviare fino alla metà i termini previsti dal presente articolo e dall'articolo 473-*bis*.17.»;

Art. 473-*bis*.14. Deposito del ricorso e decreto di fissazione dell'udienza.

[I]. Il ricorso è depositato al giudice competente insieme con i documenti in esso indicati.

[II]. Il presidente, entro tre giorni dal deposito del ricorso, designa il relatore, al quale può delegare la trattazione del procedimento, e fissa l'udienza di prima comparizione delle parti assegnando il termine per la costituzione del convenuto, che deve avvenire almeno trenta giorni prima dell'udienza. Il presidente nomina un curatore speciale **quando il convenuto è persona con disabilità psichica** o legalmente incapace.

[III]. Tra il giorno del deposito del ricorso e l'udienza non devono intercorrere più di novanta giorni.

[IV]. Con lo stesso decreto il presidente informa il convenuto che la costituzione oltre il suddetto termine implica le decadenze di cui agli articoli 38 e 167, che la difesa tecnica mediante avvocato è obbligatoria e che la parte, sussistendone i presupposti di legge, può presentare istanza per l'ammissione al patrocinio a spese dello Stato. Informa inoltre le parti della possibilità di avvalersi della mediazione familiare.

[V]. Il ricorso e il decreto di fissazione dell'udienza sono notificati al convenuto a cura dell'attore. Tra la notifica del ricorso e la data dell'udienza deve intercorrere un termine non inferiore a sessanta giorni liberi. Il decreto è inoltre comunicato al pubblico ministero, a cura della cancelleria.

[VI]. Il termine di cui al terzo comma è elevato a centoventi giorni e quello di cui al quinto comma è elevato a novanta giorni nel caso in cui la notificazione debba essere effettuata all'estero.

[VII]. Se sussistono ragioni di urgenza, il giudice può abbreviare fino alla metà i termini previsti dal presente articolo e dall'articolo 473-*bis*.17.

Diritto intertemporale: la disposizione si applica ai procedimenti introdotti successivamente al 28 febbraio 2023.

Commento

La prima modifica rende omaggio alla oramai invalsa consuetudine di chiamare la stessa realtà con altro nome.

Con la seconda modifica, la norma in commento consente, nei casi di controversie che esigono una speciale speditezza, di abbreviare fino alla metà sia i termini di comparizione del convenuto sia i termini per la proposizione di nuove domande e nuove prove.

Art. 473-*bis*.15

6. Al libro secondo, titolo IV-*bis* del codice di procedura civile sono apportate le seguenti modificazioni:

c) all'articolo 473-*bis*.15:

1) al primo comma, secondo periodo, dopo le parole «fissa entro i successivi quindici giorni l'udienza» sono inserite le parole «davanti a sé»;

2) dopo il primo comma è aggiunto il seguente:

«L'ordinanza con cui il giudice conferma, modifica o revoca i provvedimenti adottati ai sensi del primo comma è reclamabile solo unitamente a quella prevista dall'articolo 473-*bis*.22.»;

Art. 473-bis.15. Provvedimenti indifferibili.

[I]. In caso di pregiudizio imminente e irreparabile o quando la convocazione delle parti potrebbe pregiudicare l'attuazione dei provvedimenti, il presidente o il giudice da lui delegato, assunte ove occorre sommarie informazioni, adotta con decreto provvisoriamente esecutivo i provvedimenti necessari nell'interesse dei figli e, nei limiti delle domande da queste proposte, delle parti. Con il medesimo decreto fissa entro i successivi quindici giorni l'udienza **davanti a sé** per la conferma, modifica o revoca dei provvedimenti adottati con il decreto, assegnando all'istante un termine perentorio per la notifica.

[II]. **L'ordinanza con cui il giudice conferma, modifica o revoca i provvedimenti adottati ai sensi del primo comma è reclamabile solo unitamente a quella prevista dall'articolo 473-*bis*.22.**

Diritto intertemporale: la disposizione si applica ai procedimenti introdotti successivamente al 28 febbraio 2023.

Commento

La norma in commento contiene due disposizioni.

Con la prima, si precisa che spetta allo stesso giudice – persona fisica provvedere alla conferma, modifica o revoca dei provvedimenti indifferibili.

Con la seconda, si risolve un dubbio che era sorto nell'immediatezza della riforma: il provvedimento indifferibile è immediatamente reclamabile? La norma in esame risponde negativamente in quanto, stante il breve periodo di tempo fra la pronuncia del provvedimento indifferibile e la sua conferma, modifica o revoca, avrebbe poco senso consentire un reclamo immediato.

Si estende, in sostanza, al rito famiglia la disciplina del procedimento cautelare uniforme.

Art. 473-*bis*.19

1. Al libro secondo, titolo IV-*bis* del codice di procedura civile sono apportate le seguenti modificazioni:

d) all'articolo 473-*bis*.19, primo comma, dopo le parole «articoli 473-*bis*.14» sono inserite le seguenti: «, 473-*bis*.16»;

Art. 473-*bis*.19. Nuove domande e nuovi mezzi di prova.

[I]. Le decadenze previste dagli articoli 473-*bis*.14, **473-*bis*.16** e 473-*bis*.17 operano solo in riferimento alle domande aventi a oggetto diritti disponibili.

[II]. Le parti possono sempre introdurre nuove domande e nuovi mezzi di prova relativi all'affidamento e al mantenimento dei figli minori. Possono altresì proporre, nella prima difesa utile successiva e fino al momento della precisazione delle conclusioni, nuove domande di contributo economico in favore proprio e dei figli maggiorenni non indipendenti economicamente e i relativi nuovi mezzi di prova, se si verificano mutamenti nelle circostanze o a seguito di nuovi accertamenti istruttori.

Diritto intertemporale: la disposizione si applica ai procedimenti introdotti successivamente al 28 febbraio 2023.

Commento

La norma in commento precisa che anche le decadenze previste per la domanda riconvenzionale operano solo per i diritti disponibili.

Art. 473-*bis*.24

1. Al libro secondo, titolo IV-*bis* del codice di procedura civile sono apportate le seguenti modificazioni:

e) all'articolo 473-*bis*.24:

1) il primo e il secondo comma sono sostituiti dal seguente:

«Si può proporre reclamo con ricorso alla corte d'appello:

1) contro i provvedimenti temporanei e urgenti di cui al primo comma dell'articolo 473-*bis*.22;

2) contro i provvedimenti temporanei emessi in corso di causa che sospendono o introducono sostanziali limitazioni alla responsabilità genitoriale, nonché quelli che prevedono sostanziali modifiche dell'affidamento e della collocazione dei minori o ne dispongono l'affidamento a soggetti diversi dai genitori.»;

2) al quinto comma, le parole «secondo comma» sono sostituite dalle seguenti: «primo comma, n. 2».

Art. 473-*bis*.24. Reclamo dei provvedimenti temporanei e urgenti.

[I]. Si può proporre reclamo con ricorso alla corte d'appello:

1) contro i provvedimenti temporanei e urgenti di cui al primo comma dell'articolo 473-*bis*.22;

2) contro i provvedimenti temporanei emessi in corso di causa che sospendono o introducono sostanziali limitazioni alla responsabilità genitoriale, nonché quelli che prevedono sostanziali modifiche dell'affidamento e della collocazione dei minori o ne dispongono l'affidamento a soggetti diversi dai genitori.

[II]. Il reclamo deve essere proposto entro il termine perentorio di dieci giorni dalla pronuncia del provvedimento in udienza ovvero dalla comunicazione, o dalla notificazione se anteriore. Eventuali circostanze sopravvenute sono dedotte davanti al giudice di merito.

[III]. Il collegio, assicurato il contraddittorio tra le parti, entro sessanta giorni dal deposito del ricorso pronuncia ordinanza con la quale conferma, modifica o revoca il provvedimento reclamato e provvede sulle spese. Ove indispensabile ai fini della decisione, può assumere sommarie informazioni. L'ordinanza è immediatamente esecutiva.

[IV]. Avverso i provvedimenti di reclamo pronunciati nei casi di cui al **primo comma, n. 2**, è ammesso ricorso per cassazione ai sensi dell'articolo 111 della Costituzione.

Diritto intertemporale: la disposizione si applica ai procedimenti introdotti successivamente al 28 febbraio 2023.

Commento

La norma in commento unifica la disciplina processuale dei provvedimenti temporanei e urgenti e dei provvedimenti di cui al n. 2, nel senso che il reclamo si propone sempre alla corte di appello, ancorché i provvedimenti di cui al n. 1 siano sempre reclamabili, e quelli di cui al n. 2 lo siano solo se hanno un certo contenuto.

Art. 473-*bis*.34

6. Al libro secondo, titolo IV-*bis* del codice di procedura civile sono apportate le seguenti modificazioni:

f) all'articolo 473-*bis*.34, quarto comma, dopo il primo periodo è inserito il seguente: «Il reclamo previsto dall'articolo 473-*bis*.24 si propone alla stessa corte di appello, che decide in diversa composizione. Ove non sia possibile comporre altro collegio specializzato in materia di stato delle persone, minorenni e famiglie, la corte trasmette senza indugio gli atti alla corte di appello più vicina, individuata tenuto conto della distanza chilometrica ferroviaria, e se del caso marittima, tra i capoluoghi dei distretti.»;

Art. 473.*bis*.34. Udienza di discussione.

[I]. La trattazione dell'appello è collegiale.

[II]. All'udienza il giudice incaricato fa la relazione orale della causa, e all'esito della discussione il collegio trattiene la causa in decisione. Su richiesta delle parti, può assegnare loro un termine per note difensive e rinviare la causa ad altra udienza.

[III]. La sentenza è depositata nei sessanta giorni successivi all'udienza.

[IV]. Il giudice dell'appello può adottare i provvedimenti di cui agli articoli 473-*bis*.15 e 473-*bis*.22. Se ammette nuove prove, dà con ordinanza i provvedimenti per la loro assunzione, per la quale può delegare il relatore. **Il reclamo previsto dall'articolo 473-*bis*.24 si propone alla stessa corte di appello, che decide in diversa composizione. Ove non sia possibile comporre altro collegio specializzato in materia di stato delle persone, minorenni e famiglie, la corte trasmette senza indugio gli atti alla corte di appello più vicina, individuata tenuto conto della distanza chilometrica ferroviaria, e se del caso marittima, tra i capoluoghi dei distretti.**

Diritto intertemporale: la disposizione si applica ai procedimenti introdotti successivamente al 28 febbraio 2023.

Commento

La norma in commento prevede innanzi tutto che anche la corte di appello possa pronunciare i provvedimenti indifferibili e quelli previsti dall'art. 473-*bis*.22.

Si precisa poi che il reclamo va comunque proposto alla stessa corte di appello, che decide (collegialmente) in altra composizione, se si è in grado di comporre un collegio composto da altri giudici, sempre specializzati in materia di famiglia. Altrimenti, il reclamo viene trasmesso alla corte di appello più vicina. Quest'ultima viene individuata sulla base della distanza chilometrica per ferrovia o, in mancanza, per mare.

Non è quindi onere della parte stabilire se la corte di appello è in grado o meno di comporre un altro collegio, e di proporre il reclamo – in caso di risposta negativa – alla corte di appello più vicina.

6. Al libro secondo, titolo IV-*bis* del codice di procedura civile sono apportate le seguenti modificazioni:

g) all'articolo 473-*bis*.38:

1. al primo comma, dopo le parole «responsabilità genitoriale» sono inserite le seguenti: «, se pende un procedimento avente ad oggetto la titolarità o l'esercizio della stessa»;

2) al settimo comma, dopo le parole «nelle forme dell'articolo 473-*bis*.12» sono inserite le seguenti: «entro il termine perentorio di dieci giorni dalla pronuncia del provvedimento in udienza o dalla comunicazione o dalla notificazione se anteriore»;

Art. 473-*bis*.38. Attuazione dei provvedimenti sull'affidamento.

[I]. Per l'attuazione dei provvedimenti sull'affidamento del minore e per la soluzione delle controversie in ordine all'esercizio della responsabilità genitoriale, **se pende un procedimento avente ad oggetto la titolarità o l'esercizio della stessa** è competente il giudice del procedimento in corso, che provvede in composizione monocratica.

[II]. Se non pende un procedimento è competente, in composizione monocratica, il giudice che ha emesso il provvedimento da attuare o, in caso di trasferimento del minore, quello individuato ai sensi dell'articolo 473-*bis*.11, primo comma. Quando è instaurato successivamente tra le stesse parti un giudizio che ha ad oggetto la titolarità o l'esercizio della responsabilità genitoriale, il giudice dell'attuazione, anche d'ufficio, senza indugio e comunque entro quindici giorni adotta i provvedimenti urgenti che ritiene necessari nell'interesse del minore e trasmette gli atti al giudice di merito. I provvedimenti adottati conservano la loro efficacia fino a quando sono confermati, modificati o revocati con provvedimento emesso dal giudice del merito.

[III]. A seguito del ricorso il giudice, sentiti i genitori, coloro che esercitano la responsabilità genitoriale, il curatore e il curatore speciale, se nominati, e il pubblico ministero, tenta la conciliazione delle parti e in difetto pronuncia ordinanza con cui determina le modalità dell'attuazione e adotta i provvedimenti opportuni, avendo riguardo all'interesse superiore del minore.

[IV]. Se nel corso dell'attuazione sorgono difficoltà che non ammettono dilazione, ciascuna parte e gli ausiliari incaricati possono chiedere al giudice, anche verbalmente, che adotti i necessari provvedimenti temporanei.

[V]. Il giudice può autorizzare l'uso della forza pubblica, con provvedimento motivato, soltanto se assolutamente indispensabile e avendo riguardo alla preminente tutela della salute psicofisica del minore. L'intervento è posto in essere sotto la vigilanza del giudice e con l'ausilio di personale specializzato, anche sociale e sanitario, il quale adotta ogni cautela richiesta dalle circostanze.

[VI]. Nel caso in cui sussista pericolo attuale e concreto, desunto da circostanze specifiche e oggettive, di sottrazione del minore o di altre condotte che potrebbero pregiudicare l'attuazione del provvedimento, il giudice determina le modalità di attuazione con decreto motivato, senza la preventiva convocazione delle parti. Con lo stesso decreto dispone la comparizione delle parti davanti a sé nei quindici giorni successivi, e all'udienza provvede con ordinanza.

[VII]. Avverso l'ordinanza pronunciata dal giudice ai sensi del presente articolo è possibile proporre opposizione nelle forme dell'articolo 473-*bis*.12 **entro il termine perentorio di dieci giorni dalla pronuncia del provvedimento in udienza o dalla comunicazione o dalla notificazione se anteriore.**

Diritto intertemporale: la disposizione si applica ai procedimenti introdotti successivamente al 28 febbraio 2023.

Commento

La norma in commento, con la modifica del comma 1, chiarisce il significato dell'espressione «è competente il giudice del procedimento in corso», nel senso che questi non è solo il giudice che ha pronunciato il provvedimento che funge da presupposto dell'attuazione, ma anche qualunque altro giudice dinanzi al quale penda un processo, che abbia ad oggetto la titolarità o l'esercizio della responsabilità genitoriale. Ciò nell'intento di non moltiplicare i procedimenti nell'interesse del minore.

Si deve notare che il correttivo non ha posto rimedio all'erronea individuazione del "provvedimento" come oggetto dell'attuazione. Si attuano non provvedimenti, ma diritti. Ed infatti: se l'attuazione deriva da un accordo raggiunto in sede di negoziazione assistita, dov'è il provvedimento da attuare?

Infine, con la precisazione aggiunta al comma 7, si individua un termine certo per la proposizione dell'opposizione.

Art. 473-*bis*.39

h) all'articolo 473-*bis*.39:

1) al primo comma, dopo le parole «il giudice» sono inserite le seguenti: «del procedimento in corso»;

2) dopo il secondo comma è inserito il seguente: «Se non pende un procedimento la domanda si propone nelle forme dell'articolo 473-*bis*.12.»;

Art. 473-*bis*.39 – Provvedimenti in caso di inadempienze o violazioni.

[I]. In caso di gravi inadempienze, anche di natura economica, o di atti che arrechino pregiudizio al minore od ostacolino il corretto svolgimento delle modalità dell'affidamento e dell'esercizio della responsabilità genitoriale, il giudice **del procedimento in corso** può d'ufficio modificare i provvedimenti in vigore e può, anche congiuntamente:

a) ammonire il genitore inadempiente;

b) individuare ai sensi dell'articolo 614-*bis* la somma di denaro dovuta dall'obbligato per ogni violazione o inosservanza successiva ovvero per ogni giorno di ritardo nell'esecuzione del provvedimento;

c) condannare il genitore inadempiente al pagamento di una sanzione amministrativa pecuniaria, da un minimo di 75 euro a un massimo di 5.000 euro a favore della Cassa delle ammende.

[II]. Nei casi di cui al primo comma, il giudice può inoltre condannare il genitore inadempiente al risarcimento dei danni a favore dell'altro genitore o, anche d'ufficio, del minore.

[III]. Se non pende un procedimento la domanda si propone nelle forme dell'articolo 473-*bis*.12.

[IV]. I provvedimenti assunti dal giudice del procedimento sono impugnabili nei modi ordinari.

Diritto intertemporale: la disposizione si applica ai procedimenti introdotti successivamente al 28 febbraio 2023.

Commento

La norma in commento precisa chi sia il giudice competente. Se vi è un procedimento in corso, competente è il giudice dello stesso. Altrimenti, per ottenere i provvedimenti in caso di inadempienze o violazioni si deve proporre un'autonoma domanda secondo le regole ordinarie.

Art. 473-*bis*.47

6. Al libro secondo, titolo IV-*bis* del codice di procedura civile sono apportate le seguenti modificazioni:

i) all'articolo 473-*bis*.47:

1) al primo comma, dopo le parole «luogo di residenza», ovunque ricorrono, sono inserite le seguenti: «o di domicilio» e le parole «nel caso in cui l'attore sia residente all'estero» sono sostituite dalle seguenti: «nel caso in cui questo sia residente all'estero»;

2) dopo il primo comma è aggiunto il seguente:

«Il pubblico ministero può proporre impugnazione avverso la sentenza che definisce il giudizio, limitatamente agli interessi patrimoniali dei figli minori o legalmente incapaci.»;

3) la rubrica è sostituita dalla seguente: «Competenza per territorio. Poteri del pubblico ministero»;

Art. 473-*bis*.47. Competenza per territorio. Poteri del pubblico ministero.

[I]. Per le domande di separazione personale dei coniugi, scioglimento o cessazione degli effetti civili del matrimonio, scioglimento dell'unione civile e regolamentazione dell'esercizio della responsabilità genitoriale nei confronti dei figli nati fuori dal matrimonio, nonché per quelle di modifica delle relative condizioni, è competente il tribunale individuato ai sensi dell'articolo 473-*bis*.11, primo comma. In mancanza di figli minori, è competente il tribunale del luogo di residenza **o di domicilio** del convenuto. In caso di irreperibilità o residenza all'estero del convenuto, è competente il tribunale del luogo di residenza **o di domicilio** dell'attore o, **nel caso in cui questo sia residente all'estero**, qualunque tribunale della Repubblica.

[II]. **Il pubblico ministero può proporre impugnazione avverso la sentenza che definisce il giudizio, limitatamente agli interessi patrimoniali dei figli minori o legalmente incapaci.**

Diritto intertemporale: la disposizione si applica ai procedimenti introdotti successivamente al 28 febbraio 2023.

Commento

La norma in commento contiene una precisazione in ordine al criterio di competenza territoriale: viene richiamato anche il domicilio, criterio previsto dalla normativa previgente e, forse per distrazione, non ripetuto dalla riforma.

La seconda modifica ha una portata piuttosto sistematica che innovativa. Il potere del pubblico ministero di impugnare la sentenza relativamente agli interessi patrimoniali dei figli minori o legalmente incapaci era già contenuto nell'art. 5, comma 5, della legge n. 898/1970. Con la trasposizione nel c.p.c., tale potere può essere esercitato anche con riferimento ai figli di genitori non uniti in matrimonio.

Art. 473-*bis*.48

l) all'articolo 473-*bis*.48, primo comma, la parola «Nei» è sostituita dalle seguenti: «Salvo quanto previsto dall'articolo 473-*bis*.51, nei»

Art. 473-*bis*.48 – Produzioni documentali.

[I]. **Salvo quanto previsto dall'articolo 473-*bis*.51, nei** procedimenti di cui alla presente sezione, al ricorso e alla comparsa di costituzione e risposta è sempre allegata la documentazione prevista dall'articolo 473-*bis*.12, terzo comma.

Diritto intertemporale: la disposizione si applica ai procedimenti introdotti successivamente al 28 febbraio 2023.

Commento

La norma in commento precisa che la documentazione, da allegare al ricorso nel procedimento su domanda congiunta, è quella prevista dall'art. 473-*bis*.51, e non quella di cui alla presente norma.

Art. 473-*bis*.51

6. Al libro secondo, titolo IV-*bis* del codice di procedura civile sono apportate le seguenti modificazioni:

m) all'articolo 473-*bis*.51, secondo comma:

1) al primo periodo le parole «primo comma, numeri 1), 2), 3) e 5), e secondo comma» sono sostituite dalle parole «primo e secondo comma»;

2) al terzo periodo le parole «473-*bis*.13, terzo comma» sono sostituite dalle parole «473-*bis*.12, terzo comma»;

Art. 473-*bis*.51. Procedimento su domanda congiunta.

[I]. La domanda congiunta relativa ai procedimenti di cui all'articolo 473-*bis*.47 si propone con ricorso al tribunale del luogo di residenza o di domicilio dell'una o dell'altra parte.

[II]. Il ricorso è sottoscritto anche dalle parti e contiene le indicazioni di cui all'articolo 473-*bis*.12, **primo e secondo comma**, e quelle relative alle disponibilità reddituali e patrimoniali dell'ultimo triennio e degli oneri a carico delle parti, nonché le condizioni inerenti alla prole e ai rapporti economici. Con il ricorso le parti possono anche regolamentare, in tutto o in parte, i loro rapporti patrimoniali. Se intendono avvalersi della facoltà di sostituire l'udienza con il deposito di note scritte, devono farne richiesta nel ricorso, dichiarando di non volersi riconciliare e depositando i documenti di cui all'articolo **473-*bis*.12, terzo comma**.

[III]. A seguito del deposito, il presidente fissa l'udienza per la comparizione delle parti davanti al giudice relatore e dispone la trasmissione degli atti al pubblico ministero, il quale esprime il proprio parere entro tre giorni prima della data dell'udienza.

All'udienza il giudice, sentite le parti e preso atto della loro volontà di non riconciliarsi, rimette la causa in decisione. Il giudice può sempre chiedere i chiarimenti necessari e invitare le parti a depositare la documentazione di cui all'articolo 473-*bis*.12, terzo comma.

[IV]. Il collegio provvede con sentenza con la quale omologa o prende atto degli accordi intervenuti tra le parti. Se gli accordi sono in contrasto con gli interessi dei figli, convoca le parti indicando loro le modificazioni da adottare, e, in caso di inidonea soluzione, rigetta allo stato la domanda.

[V]. In caso di domanda congiunta di modifica delle condizioni inerenti all'esercizio della responsabilità genitoriale nei confronti dei figli e ai contributi economici in favore di questi o delle parti, il presidente designa il relatore che, acquisito il parere del pubblico ministero, riferisce in camera di consiglio. Il giudice dispone la comparizione personale delle parti quando queste ne fanno richiesta congiunta o sono necessari chiarimenti in merito alle nuove condizioni proposte.

Diritto intertemporale: la disposizione si applica ai procedimenti introdotti successivamente al 28 febbraio 2023.

Commento

La norma in commento contiene la correzione di due sviste della riforma.

Nella prima direzione, si corregge il richiamo all'art. 473-*bis*.12, individuando per intero il primo e secondo comma, ed in tal modo si integra il contenuto proprio del ricorso con la «determinazione dell'oggetto della domanda» e l'indicazione «dei documenti che offre in comunicazione», che non erano in precedenza richiamati.

Nella seconda direzione, si richiama correttamente l'art. 473-*bis*.12, comma 3, anziché l'art. 473-*bis*.13, comma 3.

Art. 473-*bis*.65

6. Al libro secondo, titolo IV-*bis* del codice di procedura civile sono apportate le seguenti modificazioni:

n) all'articolo 473-*bis*.65, primo comma, le parole «della stessa pretura» sono sostituite dalle parole «dello stesso tribunale»;

Art. 473-*bis*.65. Vendita di beni.

[I]. Se, nell'autorizzare la vendita di beni di minori, interdetti o inabilitati, il tribunale stabilisce che essa deve farsi ai pubblici incanti, designa per procedervi un ufficiale giudiziario del tribunale del luogo in cui si trovano i beni mobili, oppure un cancelliere **dello stesso tribunale** o un notaio del luogo in cui si trovano i beni immobili.

[II]. L'ufficiale designato per la vendita procede all'incanto con l'osservanza delle norme degli articoli 534 e seguenti, in quanto applicabili, e premesse le forme di pubblicità ordinate dal tribunale.

Diritto intertemporale: la disposizione si applica ai procedimenti introdotti successivamente al 28 febbraio 2023.

Commento

La norma in commento corregge un'omissione della riforma, laddove si richiamava la pretura anziché il tribunale.

Art. 473-*bis*.67
Art. 473-*bis*.68

6. Al libro secondo, titolo IV-*bis* del codice di procedura civile sono apportate le seguenti modificazioni:

o) la sezione VI del capo III è abrogata;

Diritto intertemporale: la disposizione si applica ai procedimenti introdotti successivamente al 28 febbraio 2023.

Commento

La norma in commento trova la sua ragion d'essere in ciò, che le norma abrogate riguardavo un istituto – il patrimonio familiare – abrogato dalla riforma del diritto di famiglia del 1975.

6. Al libro secondo, titolo IV-*bis* del codice di procedura civile sono apportate le seguenti modificazioni:

p) all'articolo 473-*bis*.71, dopo il quinto comma è aggiunto il seguente:

«Quando la condotta pregiudizievole è tenuta dalla parte che ha introdotto o nei confronti della quale è stato introdotto uno dei procedimenti disciplinati dal capo III, sezione II del presente titolo, la domanda si propone al giudice davanti a cui pende la causa, che può assumere provvedimenti aventi i contenuti indicati nell'articolo 473-*bis*.70.»;

Art. 473-*bis*.71. Provvedimenti di adozione degli ordini di protezione contro gli abusi familiari.

[I]. L'istanza si propone, anche dalla parte personalmente, con ricorso al tribunale del luogo di residenza o di domicilio dell'istante, che provvede in camera di consiglio in composizione monocratica.

[II]. Il presidente del tribunale designa il giudice a cui è affidata la trattazione del ricorso. Il giudice, sentite le parti, procede nel modo che ritiene più opportuno agli atti di istruzione necessari, disponendo, ove occorra, anche per mezzo della polizia tributaria, indagini sui redditi, sul tenore di vita e sul patrimonio personale e comune delle parti, e provvede con decreto motivato immediatamente esecutivo.

[III]. Nel caso di urgenza, il giudice, assunte ove occorra sommarie informazioni, può adottare immediatamente l'ordine di protezione fissando l'udienza di comparizione delle parti davanti a sé entro un termine non superiore a quindici giorni ed assegnando all'istante un termine non superiore a otto giorni per la notificazione del ricorso e del decreto. All'udienza il giudice conferma, modifica o revoca l'ordine di protezione.

[IV]. Contro il decreto con cui il giudice adotta l'ordine di protezione o rigetta il ricorso, ai sensi del secondo comma, ovvero conferma, modifica o revoca l'ordine di protezione precedentemente adottato nel caso di cui al terzo comma, è ammesso reclamo al tribunale entro i termini previsti dal secondo comma dell'articolo 739. Il reclamo non sospende l'esecutività dell'ordine di protezione. Il tribunale provvede in camera di consiglio, in composizione collegiale, sentite le parti, con decreto motivato non impugnabile. Del collegio non fa parte il giudice che ha emesso il provvedimento impugnato.

[V]. Per quanto non previsto dal presente articolo, si applicano al procedimento, in quanto compatibili, gli articoli 737 e seguenti.

[VI]. **Quando la condotta pregiudizievole è tenuta dalla parte che ha introdotto o nei confronti della quale è stato introdotto uno dei procedimenti disci-**

plinati dal capo III, sezione II del presente titolo, la domanda si propone al giudice davanti a cui pende la causa, che può assumere provvedimenti aventi i contenuti indicati nell'articolo 473-*bis*.70.

Diritto intertemporale: la disposizione si applica ai procedimenti introdotti successivamente al 28 febbraio 2023.

Commento

Il nuovo comma 4 della norma in commento trasferisce in questa sede quanto previsto dall'art. 8 della legge n. 154/2001 (misure contro la violenza familiare).

Art. 473-*bis*.72

6. Al libro secondo, titolo IV-*bis* del codice di procedura civile sono apportate le seguenti modificazioni:

q) dopo l'articolo 473-*bis*.71 è inserito il seguente:

«473-*bis*.72 (Pericolo determinato da altri familiari). – Le norme di cui alla presente sezione si applicano, in quanto compatibili, anche nel caso in cui la condotta pregiudizievole sia stata tenuta da altro componente del nucleo familiare diverso dal coniuge, dalla parte dell'unione civile o dal convivente, ovvero nei confronti di altro componente del nucleo familiare diverso dal coniuge, dalla parte dell'unione civile o dal convivente. In tal caso l'istanza è proposta dal componente del nucleo familiare in danno del quale è tenuta la condotta pregiudizievole.».

Art. 473-*bis*.72. Pericolo determinato da altri familiari.

[I]. Le norme di cui alla presente sezione si applicano, in quanto compatibili, anche nel caso in cui la condotta pregiudizievole sia stata tenuta da altro componente del nucleo familiare diverso dal coniuge, dalla parte dell'unione civile o dal convivente, ovvero nei confronti di altro componente del nucleo familiare diverso dal coniuge, dalla parte dell'unione civile o dal convivente. In tal caso l'istanza è proposta dal componente del nucleo familiare in danno del quale è tenuta la condotta pregiudizievole.

Diritto intertemporale: la disposizione si applica ai procedimenti introdotti successivamente al 28 febbraio 2023.

Commento

Nella norma in commento è trasfuso quanto previsto dall'art. 5 della legge n. 154/2001 (misure contro la violenza familiare).

Art. 475

7. Al libro terzo del codice di procedura civile sono apportate le seguenti modificazioni:

a) all'articolo 475, dopo le parole «conforme all'originale» sono inserite le parole «o in duplicato informatico»;

Art. 475. Forma del titolo esecutivo giudiziale e del titolo ricevuto da notaio o da altro pubblico ufficiale.

[I]. Le sentenze, i provvedimenti e gli altri atti dell'autorità giudiziaria, nonché gli atti ricevuti da notaio o da altro pubblico ufficiale, per valere come titolo per l'esecuzione forzata, ai sensi dell'articolo 474, per la parte a favore della quale fu pronunciato il provvedimento o stipulata l'obbligazione, o per i suoi successori, devono essere rilasciati in copia attestata conforme all'originale **o in duplicato informatico**, salvo che la legge disponga altrimenti.

Diritto intertemporale: Fermo quanto previsto dall'art. 35, commi 1 e 8, del d.lgs. n. 149/2022, le disposizioni di cui all'art. 475 c.p.c., come modificate dallo stesso decreto legislativo e dal presente decreto, si applicano anche ai titoli esecutivi messi in esecuzione successivamente al 28 febbraio 2023 e agli atti di intervento nella procedura esecutiva depositati successivamente a tale data.

Commento

La norma in commento precisa che il duplicato informatico dell'atto equivale alla copia attestata conforme all'originale.

Cass. 13 maggio 2024 n. 12971 ha precisato che, «in base alle definizioni contenute nell'art. 1 del D. Lgs. 7 marzo 2005, n. 82 (Codice dell'amministrazione digitale), applicabili anche al processo civile, in quanto compatibili e salvo che non sia diversamente disposto dalle disposizioni in materia di processo informatico (art. 2, comma 6): a) la copia informatica di documento informatico: è il documento informatico avente contenuto identico a quello del documento da cui è tratto su supporto informatico con diversa sequenza di valori binari (lett. i-*quater*); b) il duplicato informatico: è il documento informatico ottenuto mediante la memorizzazione, sullo stesso dispositivo o su dispositivi diversi, della medesima sequenza di valori binari del documento originario (lett. i-*quinquies*)"».

Così, ad es., con riferimento alla sentenza, è duplicato informatico quello che reca la firma digitale del magistrato; è copia informatica quella che reca la stampigliatura dei dati esterni della pubblicazione (cioè, il numero di cronologico e la data di pubblicazione).

Ne consegue, sempre in base alla citata sentenza, che copia informatica e duplicato informatico hanno il medesimo valore giuridico.

Art. 479

7) Al libro terzo del codice di procedura civile sono apportate le seguenti modificazioni:

b) all'articolo 479, le parole «del titolo in copia» sono sostituite dalle seguenti: «del duplicato informatico del titolo o di sua copia»;

Art. 479. Notificazione del titolo esecutivo e del precetto.

[I]. Se la legge non dispone altrimenti, l'esecuzione forzata deve essere preceduta dalla notificazione **del duplicato informatico del titolo o di sua copia** attestata conforme all'originale e del precetto.

[II]. La notificazione del titolo esecutivo deve essere fatta alla parte personalmente a norma degli articoli 137 e seguenti.

[III]. Il precetto può essere redatto di seguito al titolo esecutivo ed essere notificato insieme con questo, purché la notificazione sia fatta alla parte personalmente.

Diritto intertemporale: Fermo quanto previsto dall'art. 35, commi 1 e 8, del d.lgs. n. 149/2022, le disposizioni di cui all'art. 479 c.p.c., come modificate dallo stesso decreto legislativo e dal presente decreto, si applicano anche ai titoli esecutivi messi in esecuzione successivamente al 28 febbraio 2023 e agli atti di intervento nella procedura esecutiva depositati successivamente a tale data.

Commento

La norma in commento applica quanto visto nell'esame del nuovo art. 475 c.p.c.

Art. 480

7. Al libro terzo del codice di procedura civile sono apportate le seguenti modificazioni:

c) all'articolo 480, il terzo comma è sostituito dal seguente:

«Il precetto deve inoltre contenere l'indicazione del giudice competente per l'esecuzione e, se è sottoscritto dalla parte personalmente, la dichiarazione di residenza o l'elezione di domicilio della parte istante nel comune in cui ha sede il giudice oppure l'indicazione dell'indirizzo di posta elettronica certificata risultante da pubblici elenchi o l'elezione di un domicilio digitale speciale. In mancanza, le opposizioni al precetto si propongono davanti al giudice del luogo in cui è stato notificato e le notificazioni alla parte istante si fanno presso la cancelleria del giudice stesso, salvo quanto previsto dall'articolo 149-*bis*.»;

Art. 480. Forma del precetto.

[I]. Il precetto consiste nell'intimazione di adempiere l'obbligo risultante dal titolo esecutivo entro un termine non minore di dieci giorni, salva l'autorizzazione di cui all'articolo 482, con l'avvertimento che, in mancanza, si procederà a esecuzione forzata.

[II]. Il precetto deve contenere a pena di nullità l'indicazione delle parti, della data di notificazione del titolo esecutivo, se questa è fatta separatamente, o la trascrizione integrale del titolo stesso, quando è richiesta dalla legge. In quest'ultimo caso l'ufficiale giudiziario, prima della relazione di notificazione, deve certificare di avere riscontrato che la trascrizione corrisponde esattamente al titolo originale. Il precetto deve altresì contenere l'avvertimento che il debitore può, con l'ausilio di un organismo di composizione della crisi o di un professionista nominato dal giudice, porre rimedio alla situazione di sovraindebitamento concludendo con i creditori un accordo di composizione della crisi o proponendo agli stessi un piano del consumatore.

[III]. Il precetto deve inoltre contenere l'indicazione del giudice competente per l'esecuzione e, se è sottoscritto dalla parte personalmente, la dichiarazione di residenza o l'elezione di domicilio della parte istante nel comune in cui ha sede il giudice oppure l'indicazione dell'indirizzo di posta elettronica certificata risultante da pubblici elenchi o l'elezione di un domicilio digitale speciale. In mancanza, le opposizioni al precetto si propongono davanti al giudice del luogo in cui è stato notificato e le notificazioni alla parte istante si fanno presso la cancelleria del giudice stesso, salvo quanto previsto dall'articolo 149-*bis*.

[IV]. Il precetto deve essere sottoscritto a norma dell'articolo 125 e notificato alla parte personalmente a norma degli articoli 137 e seguenti.

Diritto intertemporale: la disposizione si applica ai procedimenti introdotti successivamente al 28 febbraio 2023.

Commento

La norma in commento stabilisce che, se il precetto è sottoscritto dalla parte personalmente, questa può alternativamente dichiarare la residenza o eleggere domicilio nel comune dove ha sede il giudice [che sarà competente], oppure indicare un indirizzo pec risultante dai pubblici elenchi o eleggere un domicilio digitale speciale.

In mancanza, le notificazioni alla parte istante si fanno presso la cancelleria del giudice del luogo in cui il precetto è stato notificato, salva l'applicazione dell'art. 149-*bis* c.p.c., in base al quale – se il destinatario è soggetto obbligato a munirsi di un indirizzo pec certificato – le notificazioni devono essere effettuate a tale indirizzo.

Si segnala, a questo proposito, Cass., s. u., 5 novembre 2024, n. 28452, in ordine alla mancata generazione dell'avviso di consegna per causa imputabile al destinatario.

Art. 486

7. Al libro terzo del codice di procedura civile sono apportate le seguenti modificazioni:

d) all'articolo 486, le parole «da depositarsi in cancelleria» sono soppresse;

Art. 486. Forma delle domande e delle istanze.

[I]. Le domande e le istanze che si propongono al giudice dell'esecuzione, se la legge non dispone altrimenti, sono proposte oralmente quando avvengono all'udienza, e con ricorso negli altri casi.

Diritto intertemporale: la disposizione si applica ai procedimenti introdotti successivamente al 28 febbraio 2023.

Commento

La norma in commento elimina il riferimento al deposito in cancelleria, poiché ora tale deposito si effettua nel fascicolo informatico.

Art. 488

7. Al libro terzo del codice di procedura civile sono apportate le seguenti modificazioni:

e) all'articolo 488:

1) al primo comma, le parole «fascicolo telematico» sono sostituite dalle parole «fascicolo informatico»;

2) il secondo comma è sostituito dal seguente:

«Il creditore è obbligato a presentare l'originale del titolo esecutivo nella sua disponibilità, il duplicato informatico o la copia attestata conforme all'originale a ogni richiesta del giudice.»;

Art. 488. Fascicolo dell'esecuzione.

[I]. Il cancelliere forma per ogni procedimento d'espropriazione un fascicolo **informatico**, nel quale sono inseriti tutti gli atti compiuti dal giudice, dal cancelliere e dall'ufficiale giudiziario, e gli atti e documenti depositati dalle parti e dagli eventuali interessati.

[II]. Il creditore è obbligato a presentare l'originale del titolo esecutivo nella sua disponibilità, il duplicato informatico o la copia attestata conforme all'originale a ogni richiesta del giudice.

Diritto intertemporale: la disposizione si applica ai procedimenti introdotti successivamente al 28 febbraio 2023.

Commento

La norma in commento corregge un errore: il fascicolo è «informatico», non «telematico»; «telematica» è la cancelleria.

In secondo luogo, si prevede l'equivalenza del duplicato informatico (o, come visto nel commento all'art. 475 c.p.c., della copia informatica) all'originale o alla copia attestata conforme all'originale.

Art. 489

7. Al libro terzo del codice di procedura civile sono apportate le seguenti modificazioni:

f) l'articolo 489 è sostituito dal seguente:

«489 (Notificazioni e comunicazioni) – Le notificazioni e le comunicazioni ai creditori pignoranti e ai creditori intervenuti si fanno, ai sensi dell'articolo 170, presso il procuratore costituito.»;

Art. 489. Notificazioni e comunicazioni.

[I]. Le notificazioni e le comunicazioni ai creditori pignoranti e ai creditori intervenuti si fanno, ai sensi dell'articolo 170, presso il procuratore costituito.

Diritto intertemporale: la disposizione si applica ai procedimenti introdotti successivamente al 28 febbraio 2023.

Commento

La norma in commento prende atto che, secondo la giurisprudenza assolutamente univoca della Cassazione, la partecipazione dei creditori al processo esecutivo rientra fra i casi di difesa tecnica obbligatoria, sicché creditore pignorante e creditori intervenuti stanno necessariamente in giudizio con il ministero di un procuratore.

Art. 492

7. Al libro terzo del codice di procedura civile sono apportate le seguenti modificazioni:

g) all'articolo 492:

1) il secondo comma è sostituito dal seguente:

«Il pignoramento deve altresì contenere l'invito rivolto al debitore ad effettuare presso la cancelleria del giudice dell'esecuzione la dichiarazione di residenza o l'elezione di domicilio in uno dei comuni del circondario in cui ha sede il giudice competente o indicare il proprio indirizzo di posta elettronica certificata risultante da pubblici elenchi o eleggere un domicilio digitale speciale, con l'avvertimento che, in mancanza ovvero in caso di irreperibilità presso la residenza dichiarata o il domicilio eletto, le successive notificazioni o comunicazioni a lui dirette saranno effettuate presso la cancelleria dello stesso giudice, salvo quanto previsto dall'articolo 149-*bis*.»;

2) al terzo comma, le parole «in cancelleria» sono soppresse e le parole «non inferiore ad un quinto» sono sostituite dalle seguenti: «non inferiore a un sesto»;

Art. 492. Forma del pignoramento.

[I]. Salve le forme particolari previste nei capi seguenti, il pignoramento consiste in un'ingiunzione che l'ufficiale giudiziario fa al debitore di astenersi da qualunque atto diretto a sottrarre alla garanzia del credito esattamente indicato i beni che si assoggettano all'espropriazione e i frutti di essi.

[II]. Il pignoramento deve altresì contenere l'invito rivolto al debitore ad effettuare presso la cancelleria del giudice dell'esecuzione la dichiarazione di residenza o l'elezione di domicilio in uno dei comuni del circondario in cui ha sede il giudice competente o indicare il proprio indirizzo di posta elettronica certificata risultante da pubblici elenchi o eleggere un domicilio digitale speciale, con l'avvertimento che, in mancanza ovvero in caso di irreperibilità presso la residenza dichiarata o il domicilio eletto, le successive notificazioni o comunicazioni a lui dirette saranno effettuate presso la cancelleria dello stesso giudice, salvo quanto previsto dall'articolo 149-bis.

[III]. Il pignoramento deve anche contenere l'avvertimento che il debitore, ai sensi dell'articolo 495, può chiedere di sostituire alle cose o ai crediti pignorati una somma di denaro pari all'importo dovuto al creditore pignorante e ai creditori intervenuti, comprensivo del capitale, degli interessi e delle spese, oltre che delle spese di esecuzione, sempre che, a pena di inammissibilità, sia da lui depositata, prima che sia disposta la vendita o l'assegnazione a norma degli articoli 530, 552 e 569, la relativa istanza unitamente ad una somma **non inferiore a un sesto** dell'importo del credito per cui è stato eseguito il pignoramento e dei crediti dei creditori intervenuti indicati nei rispettivi atti di intervento, dedotti i versamenti effettuati di cui deve essere data prova documentale. Il pignoramento deve contenere l'avvertimento che, a norma dell'articolo 615, secondo comma, terzo periodo, l'opposizione è inammissibile se è proposta dopo che è stata disposta la vendita o l'assegnazione a norma degli articoli 530, 552 e 569, salvo che sia fondata su fatti sopravvenuti ovvero che l'opponente dimostri di non aver potuto proporla tempestivamente per causa a lui non imputabile.

[IV]. Quando per la soddisfazione del creditore procedente i beni assoggettati a pignoramento appaiono insufficienti ovvero per essi appare manifesta la lunga durata della liquidazione l'ufficiale giudiziario invita il debitore ad indicare ulteriori beni utilmente pignorabili, i luoghi in cui si trovano ovvero le generalità dei terzi debitori, avvertendolo della sanzione prevista per l'omessa o falsa dichiarazione.

[V]. Della dichiarazione del debitore è redatto processo verbale che lo stesso sottoscrive. Se sono indicate cose mobili queste, dal momento della dichiarazione, sono considerate pignorate anche agli effetti dell'articolo 388, terzo comma, del codice penale e l'ufficiale giudiziario provvede ad accedere al luogo in cui si trovano per gli adempimenti di cui all'articolo 520 oppure, quando tale luogo è compreso in altro circondario, trasmette copia del verbale all'ufficiale giudiziario territorialmente competente. Se sono indicati crediti o cose mobili che sono in possesso di terzi il pignoramento si considera perfezionato nei confronti del debitore esecutato dal momento della dichiarazione e questi è costituito custode della somma o della cosa anche agli effetti dell'articolo 388, quarto comma, del codice penale quando il terzo, prima che gli sia notificato l'atto di cui all'articolo 543, effettua il pagamento o restituisce il bene. Se sono indicati beni immobili il creditore procede ai sensi degli articoli 555 e seguenti.

[VI]. Qualora, a seguito di intervento di altri creditori, il compendio pignorato sia divenuto insufficiente, il creditore procedente può richiedere all'ufficiale giudiziario di procedere ai sensi dei precedenti commi ai fini dell'esercizio delle facoltà di cui all'articolo 499, quarto comma.

[VII]. Se il debitore è un imprenditore commerciale l'ufficiale giudiziario, previa istanza del creditore procedente, con spese a carico di questi, invita il debitore a indicare il luogo ove sono tenute le scritture contabili e nomina un commercialista o un avvocato ovvero un notaio iscritto nell'elenco di cui all'articolo 179-*ter* delle disposizioni per l'attuazione del presente codice per il loro esame al fine dell'individuazione di cose e crediti pignorabili. Il professionista nominato può richiedere informazioni agli uffici finanziari sul luogo di tenuta nonché sulle modalità di conservazione, anche informatiche o telematiche, delle scritture contabili indicati nelle dichiarazioni fiscali del debitore e vi accede ovunque si trovi, richiedendo quando occorre l'assistenza dell'ufficiale giudiziario territorialmente competente. Il professionista trasmette apposita relazione con i risultati della verifica al creditore istante e all'ufficiale giudiziario che lo ha nominato, che provvede alla liquidazione delle spese e del compenso. Se dalla relazione risultano cose o crediti non oggetto della dichiarazione del debitore, le spese dell'accesso alle scritture contabili e della relazione sono liquidate con provvedimento che costituisce titolo esecutivo contro il debitore.

[VIII]. Nell'ipotesi di sospensione ai sensi dell'articolo 492-*bis*, terzo comma, il pignoramento deve contenere l'indicazione della data di deposito dell'istanza di ricerca telematica dei beni, l'autorizzazione del presidente del tribunale quando è prevista, l'indicazione della data di comunicazione del processo verbale di cui al quarto comma dell'articolo 492-*bis*, ovvero della data di comunicazione dell'ufficiale giudiziario di cui al terzo comma dello stesso articolo, o del provvedimento del presidente del tribunale di rigetto dell'istanza.

Diritto intertemporale: la disposizione si applica ai procedimenti introdotti successivamente al 28 febbraio 2023.

Commento

La norma in commento contiene due interventi.

Con il primo si prevede che l'invito al debitore riguardi, oltre che la dichiarazione di residenza o l'elezione di domicilio in uno dei comuni del circondario in cui ha sede il giudice competente, anche l'indicazione di un indirizzo di posta elettronica certificata risultante da pubblici elenchi o l'elezione di un domicilio digitale speciale.

Con la seconda si corregge una svista: l'art. 495 c.p.c. stabiliva, prima della riforma, che, all'atto della presentazione della domanda di conversione, doveva essere depositata una somma non inferiore ad un quinto dell'importo dei crediti. La riforma ha ridotto tale importo ad un sesto, ma la norma in commento non era stata aggiornata a tale modifica.

Art. 492-*bis*

7. Al libro terzo del codice di procedura civile sono apportate le seguenti modificazioni:

h) all'articolo 492-*bis*, decimo comma, le parole «con la nota d'iscrizione a ruolo,» sono soppresse, e le parole «il creditore deposita» sono sostituite dalle seguenti: «il creditore iscrive a ruolo il processo esecutivo depositando,»;

Art. 492-*bis*. Ricerca con modalità telematiche dei beni da pignorare.

[I]. Su istanza del creditore munito del titolo esecutivo e del precetto, l'ufficiale giudiziario addetto al tribunale del luogo in cui il debitore ha la residenza, il domicilio, la dimora o la sede, procede alla ricerca con modalità telematiche dei beni da pignorare. L'istanza deve contenere l'indicazione dell'indirizzo di posta elettronica ordinaria del difensore e, ai fini dell'articolo 547, dell'indirizzo di posta elettronica certificata o servizio elettronico di recapito certificato qualificato. L'istanza non può essere proposta prima che sia decorso il termine di cui all'articolo 482.

[II]. Prima della notificazione del precetto ovvero prima che sia decorso il termine di cui all'articolo 482, se vi è pericolo nel ritardo, il presidente del tribunale del luogo in cui il debitore ha la residenza, il domicilio, la dimora o la sede, su istanza del creditore, autorizza la ricerca telematica dei beni da pignorare.

[III]. Dalla proposizione dell'istanza di cui al primo e al secondo comma, il termine di cui all'articolo 481, primo comma, è sospeso fino alla comunicazione dell'ufficiale giudiziario di non aver eseguito le ricerche per mancanza dei presupposti o al rigetto da parte del presidente del tribunale dell'istanza ovvero fino alla comunicazione del processo verbale di cui al quarto comma.

[IV]. Fermo quanto previsto dalle disposizioni in materia di accesso ai dati e alle informazioni degli archivi automatizzati del Centro elaborazione dati istituito presso il Ministero dell'interno ai sensi dell'articolo 8 della legge 1° aprile 1981, n. 121, l'ufficiale giudiziario accede mediante collegamento informatico diretto ai dati contenuti nelle banche dati delle pubbliche amministrazioni e, in particolare, nell'anagrafe tributaria, compreso l'archivio dei rapporti finanziari, e in quelle degli enti previdenziali, per l'acquisizione di tutte le informazioni rilevanti per l'individuazione di cose e crediti da sottoporre ad esecuzione, comprese quelle relative ai rapporti intrattenuti dal debitore con istituti di credito e datori di lavoro o committenti. Terminate le operazioni l'ufficiale giudiziario redige un unico processo verbale nel quale indica tutte le banche dati interrogate e le relative risultanze e ne dà comunicazione al creditore istante. L'ufficiale giudiziario procede a pignoramento munito del titolo esecutivo e del precetto, anche acquisendone copia dal fascicolo informatico. Nel caso di cui al secondo comma, il precetto è consegnato o trasmesso all'ufficiale giudiziario prima che si proceda al pignoramento.

[V]. Se l'accesso ha consentito di individuare cose che si trovano in luoghi appartenenti al debitore compresi nel territorio di competenza dell'ufficiale giudiziario, quest'ultimo accede agli stessi per provvedere d'ufficio agli adempimenti di cui agli articoli 517, 518 e 520. Se i luoghi non sono compresi nel territorio di competenza di cui al primo periodo, copia autentica del verbale è rilasciata al creditore che, entro quindici giorni dal rilascio a pena d'inefficacia della richiesta, la presenta, unitamente all'istanza per gli adempimenti di cui agli articoli 517, 518 e 520, all'ufficiale giudiziario territorialmente competente.

[VI]. L'ufficiale giudiziario, quando non rinviene una cosa individuata mediante l'accesso nelle banche dati di cui al quarto comma, intima al debitore di indicare entro quindici giorni il luogo in cui si trova, avvertendolo che l'omessa o la falsa comunicazione è punita a norma dell'articolo 388, sesto comma, del codice penale.

[VII]. Se l'accesso ha consentito di individuare crediti del debitore o cose di quest'ultimo che sono nella disponibilità di terzi, l'ufficiale giudiziario notifica d'ufficio, ove possibile a norma dell'articolo 149-*bis*, al debitore e al terzo il verbale, che dovrà anche contenere l'indicazione del credito per cui si procede, del titolo esecutivo e del precetto, dell'indirizzo di posta elettronica certificata o servizio elettronico di recapito certificato qualificato di cui al primo comma, del luogo in cui il creditore ha eletto domicilio o ha dichiarato di essere residente, dell'ingiunzione, dell'invito e dell'avvertimento al debitore di cui all'articolo 492, primo, secondo e terzo comma, nonché l'intimazione al terzo di non disporre delle cose o delle somme dovute, nei limiti di cui all'articolo 546. Il verbale di cui al presente comma è notificato al terzo per estratto, contenente esclusivamente i dati a quest'ultimo riferibili.

[VIII]. Quando l'accesso ha consentito di individuare più crediti del debitore o più cose di quest'ultimo che sono nella disponibilità di terzi l'ufficiale giudiziario sottopone ad esecuzione i beni scelti dal creditore.

[IX]. Quando l'accesso ha consentito di individuare sia cose di cui al quinto comma che crediti o cose di cui al settimo comma, l'ufficiale giudiziario sottopone ad esecuzione i beni scelti dal creditore.

[X]. Nel caso di sospensione del termine di cui al terzo comma, al fine della verifica del rispetto dei termini di cui all'articolo 481, primo comma, a pena di inefficacia del pignoramento, **il creditore iscrive a ruolo il processo esecutivo depositando**, con le modalità e nei termini previsti dagli articoli 518, sesto comma, 543, quarto comma, 557, secondo comma, l'istanza, l'autorizzazione del presidente del tribunale, quando è prevista, nonché la comunicazione del verbale di cui al quarto comma, ovvero la comunicazione dell'ufficiale giudiziario di cui al terzo comma o il provvedimento del presidente del tribunale di rigetto dell'istanza.

Diritto intertemporale: la disposizione si applica ai procedimenti introdotti successivamente al 28 febbraio 2023.

Commento

La norma in commento prosegue nell'adeguamento della disposizione del c.p.c. al processo telematico.

7. Al libro terzo del codice di procedura civile sono apportate le seguenti modificazioni:

i) all'articolo 518, sesto comma:

1) il secondo periodo è sostituito dal seguente: «Il creditore iscrive a ruolo il processo presso il tribunale competente per l'esecuzione depositando copie conformi degli atti di cui al periodo precedente entro quindici giorni dalla consegna, a pena di inefficacia del pignoramento.»;

2) il sesto periodo è soppresso;

Art. 518. Forma del pignoramento.

[I]. L'ufficiale giudiziario redige delle sue operazioni processo verbale nel quale dà atto dell'ingiunzione di cui all'articolo 492 e descrive le cose pignorate, nonché il loro stato, mediante rappresentazione fotografica ovvero altro mezzo di ripresa audiovisiva, determinandone approssimativamente il presumibile valore di realizzo con l'assistenza, se ritenuta utile o richiesta dal creditore, di un esperto stimatore da lui scelto. Se il pignoramento cade su frutti non ancora raccolti o separati dal suolo, l'ufficiale giudiziario ne descrive la natura, la qualità e l'ubicazione.

[II]. Quando ritiene opportuno differire le operazioni di stima l'ufficiale giudiziario redige un primo verbale di pignoramento, procedendo senza indugio e comunque entro il termine perentorio di trenta giorni alla definitiva individuazione dei beni da assoggettare al pignoramento sulla base dei valori indicati dall'esperto, al quale è consentito in ogni caso accedere al luogo in cui i beni si trovano.

[III]. Il giudice dell'esecuzione liquida le spese ed il compenso spettanti all'esperto, tenuto conto dei valori di effettiva vendita o assegnazione dei beni o, in qualunque altro caso, sulla base dei valori stimati.

[IV]. Nel processo verbale l'ufficiale giudiziario fa relazione delle disposizioni date per conservare le cose pignorate.

[V]. Se il debitore non è presente, l'ufficiale giudiziario rivolge l'ingiunzione alle persone indicate nell'articolo 139, secondo comma, e consegna loro un avviso dell'ingiunzione stessa per il debitore. In mancanza di dette persone affigge l'avviso alla porta dell'immobile in cui ha eseguito il pignoramento.

[VI]. Compiute le operazioni, l'ufficiale giudiziario consegna senza ritardo al creditore il processo verbale, il titolo esecutivo e il precetto. **Il creditore iscrive a ruolo il processo presso il tribunale competente per l'esecuzione depositando copie conformi degli atti di cui al periodo precedente entro quindici giorni dalla consegna, a pena di inefficacia del pignoramento**. La conformità di tali copie è attestata dall'avvocato del creditore ai soli fini del presente articolo. Il cancelliere al momento del deposito forma il fascicolo dell'esecuzione. Sino alla scadenza del termine di cui all'articolo 497 copia del processo verbale è conservata dall'ufficiale giudiziario a disposizione del debitore.

[VII]. Su istanza del creditore, da depositare non oltre il termine per il deposito dell'istanza di vendita, il giudice, nominato uno stimatore quando appare opportuno, ordina l'integrazione del pignoramento se ritiene che il presumibile valore di realizzo dei beni pignorati sia inferiore a quello indicato nel primo comma. In tale caso l'ufficiale giudiziario riprende senza indugio le operazioni di ricerca dei beni.

Diritto intertemporale: la disposizione si applica ai procedimenti introdotti successivamente al 28 febbraio 2023.

Commento

La norma in commento prosegue nell'adeguamento della disposizione del c.p.c. al processo telematico.

Art. 521-*bis*

7. Al libro terzo del codice di procedura civile sono apportate le seguenti modificazioni:

l) all'articolo 521-*bis*:

1) al quinto comma, il secondo periodo è sostituito dal seguente: «Entro trenta giorni dalla comunicazione di cui al terzo comma, a pena di inefficacia del pignoramento, il creditore iscrive a ruolo il processo presso il tribunale competente per l'esecuzione depositando copie conformi del titolo esecutivo, del precetto, dell'atto di pignoramento e della nota di trascrizione.»;

2) al sesto comma, il secondo periodo è soppresso;

3) al settimo comma, le parole «dal deposito da parte del creditore della nota di iscrizione» sono sostituite dalle parole «dalla iscrizione a ruolo del processo esecutivo ad opera del creditore»;

Art. 521-*bis*. Pignoramento e custodia di autoveicoli, motoveicoli e rimorchi.

[I]. Oltre che con le forme previste dall'articolo 518, il pignoramento di autoveicoli, motoveicoli e rimorchi può essere eseguito anche mediante notificazione al debitore e successiva trascrizione di un atto nel quale si indicano esattamente, con gli estremi richiesti dalla legge speciale per la loro iscrizione nei pubblici registri, i beni e i diritti che si intendono sottoporre ad esecuzione, e gli si fa l'ingiunzione prevista nell'articolo 492. Il pignoramento contiene altresì l'intimazione a consegnare entro dieci giorni i beni pignorati, nonché i titoli e i documenti relativi alla proprietà e all'uso dei medesimi, all'istituto vendite giudiziarie autorizzato ad operare nel territorio del circondario nel quale è compreso il luogo in cui il debitore ha la residenza, il domicilio, la dimora o la sede o, in mancanza, a quello più vicino.

[II]. Col pignoramento il debitore è costituito custode dei beni pignorati e di tutti gli accessori comprese le pertinenze e i frutti, senza diritto a compenso.

[III]. Al momento della consegna l'istituto vendite giudiziarie assume la custodia del bene pignorato e ne dà immediata comunicazione al creditore pignorante, a mezzo posta elettronica certificata ove possibile.

[IV]. Decorso il termine di cui al primo comma, gli organi di polizia che accertano la circolazione dei beni pignorati o comunque li rinvengono procedono al ritiro della carta di circolazione nonché, ove possibile, dei titoli e dei documenti relativi alla proprietà e all'uso dei beni pignorati e consegnano il bene pignorato all'istituto vendite giudiziarie più vicino al luogo in cui il bene pignorato è stato rinvenuto. Si applica il terzo comma.

[V]. Eseguita l'ultima notificazione, l'ufficiale giudiziario consegna senza ritardo al creditore l'atto di pignoramento perché proceda alla trascrizione nei pubblici registri. **Entro trenta giorni dalla comunicazione di cui al terzo comma, a pena di inefficacia del pignoramento, il creditore iscrive a ruolo il processo presso il tribunale competente per l'esecuzione depositando copie conformi del titolo esecutivo, del precetto, dell'atto di pignoramento e della nota di trascrizione.** La conformità di tali copie è attestata dall'avvocato del creditore ai soli fini del presente articolo.

[VI]. Il cancelliere forma il fascicolo dell'esecuzione

[VII]. In deroga a quanto previsto dall'articolo 497, l'istanza di assegnazione o l'istanza di vendita deve essere depositata entro quarantacinque giorni **dalla iscrizione a ruolo del processo esecutivo ad opera del creditore** a norma del presente articolo ovvero dal deposito da parte di quest'ultimo delle copie conformi degli atti, a norma dell'articolo 159-ter delle disposizioni per l'attuazione del presente codice.

[VIII]. Si applicano in quanto compatibili le disposizioni del presente capo.

Diritto intertemporale: la disposizione si applica ai procedimenti introdotti successivamente al 28 febbraio 2023.

Commento

La norma in commento prosegue nell'adeguamento della disposizione del c.p.c. al processo telematico.

Art. 524

7. Al libro terzo del codice di procedura civile sono apportate le seguenti modificazioni:

m) all'articolo 524, secondo comma, le parole «in cancelleria» sono soppresse;

Art. 524. Pignoramento successivo.

[I]. L'ufficiale giudiziario, che trova un pignoramento già compiuto, ne dà atto nel processo verbale descrivendo i mobili precedentemente pignorati, e quindi procede al pignoramento degli altri beni o fa constare nel processo verbale che non ve ne sono.

[II]. Il processo verbale è depositato e inserito nel fascicolo formato in base al primo pignoramento, se quello successivo è compiuto anteriormente alla udienza prevista nell'articolo 525, primo comma, ovvero alla presentazione del ricorso per l'assegnazione o la vendita dei beni pignorati nella ipotesi prevista nel secondo comma dell'articolo 525. In tal caso il cancelliere ne dà notizia al creditore primo pignorante e l'esecuzione si svolge in unico processo.

[III]. Il pignoramento successivo, se è compiuto dopo l'udienza di cui sopra ovvero dopo la presentazione del ricorso predetto, ha gli effetti di un intervento tardivo rispetto ai beni colpiti dal primo pignoramento. Se colpisce altri beni, per questi ha luogo separato processo.

Diritto intertemporale: la disposizione si applica ai procedimenti introdotti successivamente al 28 febbraio 2023.

Commento

La norma in commento prosegue nell'adeguamento della disposizione del c.p.c. al processo telematico.

7. Al libro terzo del codice di procedura civile sono apportate le seguenti modificazioni:

n) all'articolo 543:

1) al secondo comma, numero 3), le parole «la dichiarazione di residenza o l'elezione di domicilio nel comune in cui ha sede il tribunale competente nonché» sono soppresse;

2) al quarto comma, il secondo periodo è sostituito dal seguente: «Il creditore iscrive a ruolo il processo presso il tribunale competente per l'esecuzione depositando copie conformi dell'atto di citazione, del titolo esecutivo e del precetto entro trenta giorni dalla consegna, a pena di inefficacia del pignoramento.» e il quinto periodo è soppresso;

3) al quinto comma, al primo periodo, le parole «al debitore e» sono soppresse e sono aggiunti, in fine, i seguenti periodi: «Qualora il pignoramento sia eseguito nei confronti di più terzi, l'inefficacia si produce solo nei confronti dei terzi rispetto ai quali non è notificato o depositato l'avviso. In ogni caso, ove la notifica dell'avviso di cui al presente comma non sia effettuata, gli obblighi del debitore e del terzo cessano alla data dell'udienza indicata nell'atto di pignoramento»;

4) il sesto comma è sostituito dal seguente: «Se il creditore riceve il pagamento prima della scadenza del termine per il deposito della nota di iscrizione a ruolo, lo comunica immediatamente al debitore e al terzo. In tal caso, l'obbligo del terzo cessa alla data di ricezione della comunicazione.»;

Art. 543. Forma del pignoramento

[I]. Il pignoramento di crediti del debitore verso terzi o di cose del debitore che sono in possesso di terzi, si esegue mediante atto notificato al terzo e al debitore a norma degli articoli 137 e seguenti.

[II]. L'atto deve contenere, oltre all'ingiunzione al debitore di cui all'articolo 492:

1) l'indicazione del credito per il quale si procede, del titolo esecutivo e del precetto;

2) l'indicazione, almeno generica, delle cose o delle somme dovute e l'intimazione al terzo di non disporne senza ordine di giudice;

3) l'indicazione dell'indirizzo di posta elettronica certificata del creditore procedente;

4) la citazione del debitore a comparire davanti al giudice competente, con l'invito al terzo a comunicare la dichiarazione di cui all'articolo 547 al creditore procedente entro dieci giorni a mezzo raccomandata ovvero a mezzo di posta elettronica certificata; con l'avvertimento al terzo che in caso di mancata comuni-

cazione della dichiarazione, la stessa dovrà essere resa dal terzo comparendo in un'apposita udienza e che quando il terzo non compare o, sebbene comparso, non rende la dichiarazione, il credito pignorato o il possesso di cose di appartenenza del debitore, nell'ammontare o nei termini indicati dal creditore, si considereranno non contestati ai fini del procedimento in corso e dell'esecuzione fondata sul provvedimento di assegnazione.

[III]. Nell'indicare l'udienza di comparizione si deve rispettare il termine previsto nell'articolo 501.

[IV]. Eseguita l'ultima notificazione, l'ufficiale giudiziario consegna senza ritardo al creditore l'originale dell'atto di citazione. **Il creditore iscrive a ruolo il processo presso il tribunale competente per l'esecuzione depositando copie conformi dell'atto di citazione, del titolo esecutivo e del precetto entro trenta giorni dalla consegna, a pena di inefficacia del pignoramento.** La conformità di tali copie è attestata dall'avvocato del creditore ai soli fini del presente articolo. Il cancelliere al momento del deposito forma il fascicolo dell'esecuzione.

[V] Il creditore, entro la data dell'udienza di comparizione indicata nell'atto di pignoramento, notifica al terzo l'avviso di avvenuta iscrizione a ruolo con indicazione del numero di ruolo della procedura e deposita l'avviso notificato nel fascicolo dell'esecuzione. La mancata notifica dell'avviso o il suo mancato deposito nel fascicolo dell'esecuzione determina l'inefficacia del pignoramento. **Qualora il pignoramento sia eseguito nei confronti di più terzi, l'inefficacia si produce solo nei confronti dei terzi rispetto ai quali non è notificato o depositato l'avviso. In ogni caso, ove la notifica dell'avviso di cui al presente comma non sia effettuata, gli obblighi del terzo cessano alla data dell'udienza indicata nell'atto di pignoramento.**

[VI] **Se il creditore riceve il pagamento prima della scadenza del termine per il deposito della nota di iscrizione a ruolo, lo comunica immediatamente al debitore e al terzo. In tal caso, l'obbligo del terzo cessa alla data di ricezione della comunicazione.**

[VII] Quando procede a norma dell'articolo 492-*bis,* l'ufficiale giudiziario consegna senza ritardo al creditore il verbale, il titolo esecutivo ed il precetto, e si applicano le disposizioni di cui al quarto comma. Decorso il termine di cui all'articolo 501, il creditore pignorante e ognuno dei creditori intervenuti muniti di titolo esecutivo possono chiedere l'assegnazione o la vendita delle cose mobili o l'assegnazione dei crediti. Sull'istanza di cui al periodo precedente il giudice fissa l'udienza per l'audizione del creditore e del debitore e provvede a norma degli articoli 552 o 553. Il decreto con cui viene fissata l'udienza di cui al periodo precedente è notificato a cura del creditore procedente e deve contenere l'invito e l'avvertimento al terzo di cui al numero 4) del secondo comma.

Diritto intertemporale: la disposizione si applica ai procedimenti introdotti successivamente al 28 febbraio 2023.

Commento

La norma in commento contiene diverse modifiche.

Con la prima si elimina la dichiarazione di residenza o l'elezione di domicilio. Poiché il creditore procedente è necessariamente rappresentato da un legale, è sufficiente l'indicazione dell'indirizzo pec di quest'ultimo.

Con la seconda si prosegue nell'adeguamento della disposizione del c.p.c. al processo telematico.

La terza modifica elimina l'obbligo di notificare al debitore l'avviso di avvenuta iscrizione a ruolo. La notificazione ora deve essere fatta solo al terzo debitore. Inoltre, si precisa – a fronte di dubbi interpretativi sorti in dottrina e giurisprudenza – che, ove il pignoramento sia effettuato nei confronti di più terzi, la mancata notifica ed il mancato deposito producono l'inefficacia del pignoramento solo per i terzi debitori, cui la notifica non è fatta, e non anche per gli altri.

La quarta modifica disciplina il caso in cui il debitore esecutato adempia prima della scadenza del termine per l'iscrizione a ruolo. In tal caso, il creditore è tenuto a comunicare l'avvenuto pagamento al terzo e al debitore: la comunicazione a quest'ultimo, si presume, ha senso solo se il pagamento proviene da un terzo.

Art. 557

7. Al libro terzo del codice di procedura civile sono apportate le seguenti modificazioni:

o) all'articolo 557:

1) al secondo comma, il primo periodo è sostituito dal seguente: «Il creditore iscrive a ruolo il processo presso il tribunale competente per l'esecuzione depositando copie conformi del titolo esecutivo, del precetto, dell'atto di pignoramento e della nota di trascrizione entro quindici giorni dalla consegna dell'atto di pignoramento, a pena di inefficacia del pignoramento stesso.»;

2) al terzo comma, il secondo periodo è soppresso;

Art. 557. Deposito dell'atto di pignoramento.

[I]. Eseguita l'ultima notificazione, l'ufficiale giudiziario consegna senza ritardo al creditore l'atto di pignoramento e la nota di trascrizione restituitagli dal conservatore dei registri immobiliari.

[II]. **Il creditore iscrive a ruolo il processo presso il tribunale competente per l'esecuzione depositando copie conformi del titolo esecutivo, del precetto, dell'atto di pignoramento e della nota di trascrizione entro quindici giorni dalla consegna dell'atto di pignoramento, a pena di inefficacia del pignoramento stesso.** La conformità di tali copie è attestata dall'avvocato del creditore ai soli fini del presente articolo. Nell'ipotesi di cui all'articolo 555, ultimo comma, il creditore deve depositare la nota di trascrizione appena restituitagli dal conservatore dei registri immobiliari.

[III]. Il cancelliere forma il fascicolo dell'esecuzione.

Diritto intertemporale: la disposizione si applica ai procedimenti introdotti successivamente al 28 febbraio 2023.

Commento

La norma in commento prosegue nell'adeguamento della disposizione del c.p.c. al processo telematico.

Art. 582

7. Al libro terzo del codice di procedura civile sono apportate le seguenti modificazioni:

p) All'articolo 582:

1) al primo periodo, dopo le parole «che ha proceduto alla vendita» sono aggiunte le seguenti: «o indicare il proprio indirizzo di posta elettronica certificata risultante da pubblici elenchi o eleggere un domicilio digitale speciale»;

2) dopo le parole «giudice stesso» sono inserite le seguenti: «, salvo quanto previsto dall'articolo 149-*bis*»;

3) la rubrica è sostituita dalla seguente: «Dichiarazione di residenza, elezione di domicilio o domicilio digitale dell'aggiudicatario»;

Art. 582. Dichiarazione di residenza, elezione di domicilio o domicilio digitale dell'aggiudicatario.

[I]. L'aggiudicatario deve dichiarare la propria residenza o eleggere domicilio nel comune in cui ha sede il giudice che ha proceduto alla vendita **o indicare il proprio indirizzo di posta elettronica certificata risultante da pubblici elenchi o eleggere un domicilio digitale speciale**. In mancanza le notificazioni e comunicazioni possono essergli fatte presso la cancelleria del giudice stesso, **salvo quanto previsto dall'articolo 149-*bis*.**

Diritto intertemporale: la disposizione si applica ai procedimenti introdotti successivamente al 28 febbraio 2023.

Commento

La norma in commento prevede che l'aggiudicatario, oltre che dichiarare la residenza o eleggere domicilio, possa anche indicare un indirizzo pec o eleggere un domicilio digitale speciale.

Art. 587

7. Al libro terzo del codice di procedura civile sono apportate le seguenti modificazioni:

q) all'articolo 587, primo comma, le parole «Se il prezzo non è depositato nel termine stabilito» sono sostituite dalle seguenti: «Se nel termine stabilito non è depositato il prezzo o non è resa la dichiarazione prevista dall'articolo 585, quarto comma»;

Art. 587. Inadempienza dell'aggiudicatario.

[I]. **Se nel termine stabilito non è depositato il prezzo o non è resa la dichiarazione prevista dall'articolo 585, quarto comma**, il giudice dell'esecuzione con decreto dichiara la decadenza dell'aggiudicatario, pronuncia la perdita della cauzione a titolo di multa e quindi dispone un nuovo incanto. La disposizione di cui al periodo precedente si applica altresì nei confronti dell'aggiudicatario che non ha versato anche una sola rata entro dieci giorni dalla scadenza del termine; il giudice dell'esecuzione dispone la perdita a titolo di multa anche delle rate già versate. Con il decreto adottato a norma del periodo precedente, il giudice ordina altresì all'aggiudicatario che sia stato immesso nel possesso di rilasciare l'immobile al custode; il decreto è attuato dal custode a norma dell'articolo 560, quarto comma.

[II]. Per il nuovo incanto si procede a norma degli articoli 576 e seguenti. Se il prezzo che se ne ricava, unito alla cauzione confiscata, risulta inferiore a quello dell'incanto precedente, l'aggiudicatario inadempiente è tenuto al pagamento della differenza.

Diritto intertemporale: la disposizione si applica ai procedimenti introdotti successivamente al 28 febbraio 2023.

Commento

La norma in commento prevede la decadenza dell'aggiudicatario, oltre che nel caso di mancato versamento del prezzo, anche nel caso in cui non sia resa la dichiarazione c.d. antiriciclaggio.

Art. 614-*bis*

7. Al libro terzo del codice di procedura civile sono apportate le seguenti modificazioni:

r) all'articolo 614-*bis*, secondo comma, dopo il primo periodo è inserito il seguente: «Il provvedimento perde efficacia in caso di estinzione del processo esecutivo.»;

Art. 614-*bis*. Misure di coercizione indiretta.

[I]. Con il provvedimento di condanna all'adempimento di obblighi diversi dal pagamento di somme di denaro il giudice, salvo che ciò sia manifestamente iniquo, fissa, su richiesta di parte, la somma di denaro dovuta dall'obbligato per ogni violazione o inosservanza successiva ovvero per ogni ritardo nell'esecuzione del provvedimento, determinandone la decorrenza. Il giudice può fissare un termine di durata della misura, tenendo conto della finalità della stessa e di ogni circostanza utile.

[II]. Se non è stata richiesta nel processo di cognizione, ovvero il titolo esecutivo è diverso da un provvedimento di condanna, la somma di denaro dovuta dall'obbligato per ogni violazione o inosservanza o ritardo nell'esecuzione del provvedimento è determinata dal giudice dell'esecuzione, su ricorso dell'avente diritto, dopo la notificazione del precetto. **Il provvedimento perde efficacia in caso di estinzione del processo esecutivo**. Si applicano in quanto compatibili le disposizioni di cui all'articolo 612.

[III]. Il giudice determina l'ammontare della somma tenuto conto del valore della controversia, della natura della prestazione dovuta, del vantaggio per l'obbligato derivante dall'inadempimento, del danno quantificato o prevedibile e di ogni altra circostanza utile.

[IV]. Il provvedimento costituisce titolo esecutivo per il pagamento delle somme dovute per ogni violazione, inosservanza o ritardo.

[V]. Le disposizioni di cui al presente articolo non si applicano alle controversie di lavoro subordinato pubblico o privato e ai rapporti di collaborazione coordinata e continuativa di cui all'articolo 409.

Diritto intertemporale: la disposizione si applica ai procedimenti introdotti successivamente al 28 febbraio 2023.

Commento

La norma in commento, derivante da un suggerimento del Senato accolto dal Governo, ha una portata normativa di non facile individuazione.

Una prima interpretazione potrebbe essere la seguente: il processo esecutivo che si estingue è quello previsto dal comma secondo, cioè quello con il quale si chiede una misura esecutiva non richiesta in sede di cognizione oppure sulla base di un titolo esecutivo diverso dalla sentenza di condanna. La misura coercitiva viene in tal caso concessa dal giudice dell'esecuzione sulla base di un procedimento simile a quello previsto dall'art. 612 c.p.c. Quindi: ricorso; istaurazione del contraddittorio; provvedimento del giudice. Non è chiaro in che occasioni il processo esecutivo possa estinguersi *dopo* che è stato emesso il provvedimento, in quanto con la pronuncia di quest'ultimo il processo esecutivo si esaurisce.

Una seconda interpretazione potrebbe essere la seguente: il processo esecutivo è quello che si instaura quando, a seguito della violazione della comminatoria, l'obbligato tiene un comportamento che non dovrebbe tenere, oppure non tiene un comportamento che dovrebbe tenere. L'avente diritto inizia l'esecuzione forzata ai sensi del comma quarto, ma quel processo si estingue. Senonché non si capisce perché questa estinzione dovrebbe portare alla perdita di efficacia del provvedimento.

Esemplifichiamo: Tizio ottiene una misura di coercizione nei confronti di Caio, volta ad impedire che questi tenga un certo comportamento, sotto comminatoria di 100,00 € per ogni violazione. Caio contravviene tre volte, e Tizio inizia il processo di espropriazione volto ad ottenere la somma di 300,00 €. Caio paga, ed il processo si estingue. Successivamente Caio tiene ancora il comportamento vietato. Che senso ha stabilire che la misura di coercizione perde effetti?

Art. 616

7. Al libro terzo del codice di procedura civile sono apportate le seguenti modificazioni:

s) all'articolo 616 è aggiunto, in fine, il seguente periodo: «Quando il giudizio di merito è introdotto nelle forme del rito ordinario di cognizione, sono ridotti della metà anche i termini di cui agli articoli 165, 166, 171-*bis* e 171-*ter*.»;

Art. 616. Provvedimenti sul giudizio di cognizione introdotto dall'opposizione.

[I]. Se competente per la causa è l'ufficio giudiziario al quale appartiene il giudice dell'esecuzione questi fissa un termine perentorio per l'introduzione del giudizio di merito secondo le modalità previste in ragione della materia e del rito, previa iscrizione a ruolo, a cura della parte interessata, osservati i termini a comparire di cui all'articolo 163-bis, o altri se previsti, ridotti della metà; altrimenti rimette la causa dinanzi all'ufficio giudiziario competente assegnando un termine perentorio per la riassunzione della causa. **Quando il giudizio di merito è introdotto nelle forme del rito ordinario di cognizione, sono ridotti della metà anche i termini di cui agli articoli 165, 166, 171-*bis* e 171-*ter*.**

Diritto intertemporale: la disposizione si applica ai procedimenti introdotti successivamente al 28 febbraio 2023.

Commento

La norma in commento stabilisce la dimidiazione dei termini previsti dalla fase introduttiva del rito ordinario, quando questo sia il rito prescelto per introdurre il giudizio di merito.

Infatti, data l'alternatività incondizionata del rito ordinario e di quello semplificato, chi prende l'iniziativa di introdurre il giudizio di merito può scegliere liberamente l'uno o l'altro. Se la scelta cade sul rito ordinario, l'udienza di comparizione può essere fissata in un termine non inferiore a sessanta giorni, e di conseguenza: il convenuto deve costituirsi almeno trentacinque giorni prima dell'udienza indicata nella citazione; il giudice deve (?) pronunciare il decreto di cui all'art. 171-*bis* c.p.c. entro otto giorni (arrotondando così sette giorni e mezzo); la prima memoria deve essere depositata almeno venti giorni prima dell'udienza, la seconda almeno dieci giorni prima dell'udienza, la terza almeno cinque giorni prima dell'udienza.

Identica accelerazione non è prevista per l'opposizione *ex* art. 615 c.p.c.

Art. 618

7. Al libro terzo del codice di procedura civile sono apportate le seguenti modificazioni:

t) all'articolo 618, secondo comma, dopo il secondo periodo è aggiunto il seguente: «Quando il giudizio di merito è introdotto nelle forme del rito ordinario di cognizione, sono ridotti della metà anche i termini di cui agli articoli 165, 166, 171-*bis* e 171-*ter*.».

Art. 618. Provvedimenti del giudice dell'esecuzione.

[I]. Il giudice dell'esecuzione fissa con decreto l'udienza di comparizione delle parti davanti a sé e il termine perentorio per la notificazione del ricorso e del decreto, e dà, nei casi urgenti, i provvedimenti opportuni.

[II]. All'udienza dà con ordinanza i provvedimenti che ritiene indilazionabili ovvero sospende la procedura. In ogni caso fissa un termine perentorio per l'introduzione del giudizio di merito, previa iscrizione a ruolo a cura della parte interessata, osservati i termini a comparire di cui all'articolo 163-bis, o altri se previsti, ridotti della metà. **Quando il giudizio di merito è introdotto nelle forme del rito ordinario di cognizione, sono ridotti della metà anche i termini di cui agli articoli 165, 166, 171-*bis* e 171-*ter*.** La causa è decisa con sentenza non impugnabile.

[III]. Sono altresì non impugnabili le sentenze pronunciate a norma dell'articolo precedente primo comma.

Diritto intertemporale: la disposizione si applica ai procedimenti introdotti successivamente al 28 febbraio 2023.

Commento

La norma in commento ripete per l'opposizione agli atti esecutivi quanto detto nell'esame dell'art. 616 c.p.c.

Anche qui, identica accelerazione non è prevista per l'opposizione *ex* art. 617, comma primo, c.p.c.

Art. 634

8. Al libro quarto del codice di procedura civile sono apportate le seguenti modificazioni:

a) all'articolo 634, secondo comma:

1) le parole «, purché bollate e vidimate nelle forme di legge e regolarmente tenute, nonché gli estratti autentici delle scritture contabili prescritte dalle leggi tributarie, quando siano tenute con l'osservanza delle norme stabilite per tali scritture» sono sostituite dalle seguenti: «nonché di quelle prescritte dalle leggi tributarie, purché tenute, anche con strumenti informatici, con l'osservanza delle norme stabilite dalla legge»;

2) dopo il primo periodo è aggiunto, in fine, il seguente: «Per i crediti di cui al presente comma costituiscono inoltre prova scritta idonea le fatture elettroniche trasmesse attraverso il Sistema di interscambio istituito dal Ministero dell'economia e delle finanze e gestito dall'Agenzia delle entrate.»;

Art. 634. Prova scritta.

[I]. Sono prove scritte idonee a norma del numero 1 dell'articolo precedente le polizze e promesse unilaterali per scrittura privata e i telegrammi, anche se mancanti dei requisiti prescritti dal codice civile.

[II]. Per i crediti relativi a somministrazioni di merci e di danaro nonché per prestazioni di servizi fatte da imprenditori che esercitano un'attività commerciale e da lavoratori autonomi, anche a persone che non esercitano tale attività, sono altresì prove scritte idonee gli estratti autentici delle scritture contabili di cui agli articoli 2214 e seguenti del codice civile**, nonché di quelle prescritte dalle leggi tributarie, purché tenute, anche con strumenti informatici, con l'osservanza delle norme stabilite dalla legge. Per i crediti di cui al presente comma costituiscono inoltre prova scritta idonea le fatture elettroniche trasmesse attraverso il Sistema di interscambio istituito dal Ministero dell'economia e delle finanze e gestito dall'Agenzia delle entrate.**

Diritto intertemporale: la disposizione si applica ai procedimenti introdotti successivamente al 28 febbraio 2023.

Commento

La norma in commento in parte aggiorna e in parte innova la disciplina delle prove scritte idonee a supportare la richiesta di un decreto ingiuntivo.

L'aggiornamento prende atto che bollatura e vidimazione delle scritture contabili previste dal c.c., pensate per la forma cartacea, sono oramai desuete a favore di una contabilità informatica. Resta comunque l'obbligo di depositare un estratto autentico vuoi delle scritture richiesta dal c.c., vuoi di quelle richieste dalle leggi tributarie.

La rilevante novità sta nella idoneità delle fatture elettroniche a costituire prova scritta idonea senza necessità di una autenticazione.

Art. 638

8. Al libro quarto del codice di procedura civile sono apportate le seguenti modificazioni:

b) all'articolo 638:

1) al primo comma, dopo le parole «dove ha sede il giudice adito» sono aggiunte le seguenti: «o l'indicazione dell'indirizzo di posta elettronica certificata risultante da pubblici elenchi o l'elezione di un domicilio digitale speciale»;

2) il secondo e il terzo comma sono sostituiti dai seguenti:

«Se mancano le indicazioni di cui al primo comma le notificazioni al ricorrente possono essere fatte presso la cancelleria, salvo quanto previsto dall'articolo 149-bis.

Il ricorso è depositato insieme con i documenti che si allegano.»;

Art. 638. Forma della domanda e deposito.

[I]. La domanda d'ingiunzione si propone con ricorso contenente, oltre i requisiti indicati nell'articolo 125, l'indicazione delle prove che si producono. Il ricorso deve contenere altresì l'indicazione del procuratore del ricorrente oppure, quando è ammessa la costituzione di persona, la dichiarazione di residenza o l'elezione di domicilio nel comune dove ha sede il giudice adito **o l'indicazione dell'indirizzo di posta elettronica certificata risultante da pubblici elenchi o l'elezione di un domicilio digitale speciale**.

[II]. Se mancano le indicazioni di cui al primo comma le notificazioni al ricorrente possono essere fatte presso la cancelleria, salvo quanto previsto dall'articolo 149-bis.

[III]. Il ricorso è depositato insieme con i documenti che si allegano.

Diritto intertemporale: la disposizione si applica ai procedimenti introdotti successivamente al 28 febbraio 2023.

Commento

La norma in commento prevede che – quando è ammessa in giudizio la costituzione personale: negli altri casi vale l'indicazione del difensore – oltre alla dichiarazione di residenza o l'elezione di domicilio nel comune dove ha sede il giudice adito, la parte possa indicare un indirizzo pec o l'elezione di un domicilio digitale speciale.

In mancanza, le notificazioni al ricorrente possono essere effettuate in cancelleria, salvo che, ai sensi dell'art. 149-*bis* c.p.c., la notificazione non possa essere eseguita ad un indirizzo pec risultante da pubblici registri.

Art. 645

8. Al libro quarto del codice di procedura civile sono apportate le seguenti modificazioni:

c) l'articolo 645 è sostituito dal seguente:

«645 (Opposizione). – L'opposizione si propone davanti all'ufficio giudiziario al quale appartiene il giudice che ha emesso il decreto. L'atto introduttivo è notificato al ricorrente nei modi di cui all'articolo 638. Contemporaneamente l'ufficiale giudiziario deposita copia dell'atto nel fascicolo d'ufficio contenente il decreto affinché il cancelliere ne prenda nota.»;

«In seguito all'opposizione il giudizio si svolge secondo le norme del processo di cognizione davanti al giudice adito. Quando si svolge nelle forme del rito ordinario, l'anticipazione di cui all'articolo 163-bis, secondo comma, deve essere disposta fissando l'udienza per la comparizione delle parti non oltre trenta giorni dalla scadenza del termine minimo a comparire.

Art. 645. Opposizione.

[I]. L'opposizione si propone davanti all'ufficio giudiziario al quale appartiene il giudice che ha emesso il decreto. L'atto introduttivo è notificato al ricorrente nei modi di cui all'articolo 638. Contemporaneamente l'ufficiale giudiziario deposita copia dell'atto nel fascicolo d'ufficio contenente il decreto affinché il cancelliere ne prenda nota.

[II]. In seguito all'opposizione il giudizio si svolge secondo le norme del processo di cognizione davanti al giudice adito. Quando si svolge nelle forme del rito ordinario, l'anticipazione di cui all'articolo 163-bis, secondo comma, deve essere disposta fissando l'udienza per la comparizione delle parti non oltre trenta giorni dalla scadenza del termine minimo a comparire.

Diritto intertemporale: la disposizione si applica ai procedimenti introdotti successivamente al 28 febbraio 2023.

Commento

La norma in commento contiene tre novità.

La prima attiene alla sostituzione del termine "citazione" con il più generale termine "atto introduttivo", che può essere (rito semplificato) o deve essere (riti speciali) il ricorso.

La seconda stabilisce che l'ufficiale giudiziario che ha proceduto alla notifica deve depositare copia dell'atto nel fascicolo telematico. La disposizione sembra applicarsi solo all'atto introduttivo che ha la forma della citazione poiché, ove esso abbia la forma del ricorso, il cancelliere ha già preso nota dell'avvenuta proposizione dell'opposizione. Resta da vedere se lo stesso obbligo incombe anche ai difensori che notificano in proprio la citazione in opposizione: ciò che, peraltro, sembra essere nell'interesse della parte opponente.

La terza corregge un errore di coordinamento: la norma che disciplina l'anticipazione della prima udienza, dopo la riforma, non è più il terzo, sibbene il comma 2 dell'art. 163-*bis* c.p.c.

Art. 648

8. Al libro quarto del codice di procedura civile sono apportate le seguenti modificazioni:

d) all'articolo 648, dopo il secondo comma è aggiunto il seguente:

«Se ricorrono ragioni di urgenza specificamente indicate nell'istanza, la parte costituita può chiedere che la decisione sulla concessione della provvisoria esecuzione sia pronunciata prima dell'udienza di comparizione. Il giudice, sentite le parti, provvede con ordinanza non impugnabile.»;

Art. 648. Esecuzione provvisoria in pendenza di opposizione.

[I]. Il giudice istruttore, se l'opposizione non è fondata su prova scritta o di pronta soluzione, può concedere, provvedendo in prima udienza, con ordinanza non impugnabile, l'esecuzione provvisoria del decreto, qualora non sia già stata concessa a norma dell'articolo 642. Il giudice deve concedere l'esecuzione provvisoria parziale del decreto ingiuntivo opposto limitatamente alle somme non contestate, salvo che l'opposizione sia proposta per vizi procedurali.

[II]. Deve in ogni caso concederla, se la parte che l'ha chiesta offre cauzione per l'ammontare delle eventuali restituzioni, spese e danni.

[III]. Se ricorrono ragioni di urgenza specificamente indicate nell'istanza, la parte costituita può chiedere che la decisione sulla concessione della provvisoria esecuzione sia pronunciata prima dell'udienza di comparizione. Il giudice, sentite le parti, provvede con ordinanza non impugnabile.

Diritto intertemporale: la disposizione si applica ai procedimenti introdotti successivamente al 28 febbraio 2023.

Commento

La norma in commento elimina un dubbio che si era presentato in dottrina e giurisprudenza, secondo parte delle quali non era possibile la concessione della provvisoria esecuzione antecedentemente alla prima udienza. Poiché l'introduzione dell'opposizione con rito ordinario fa sì che la prima udienza si tenga a distanza di almeno quattro mesi dalla notificazione della citazione, si è prevista la possibilità che l'istanza di concessione della provvisoria esecuzione possa essere esaminata anche in precedenza.

Art. 654

8. Al libro quarto del codice di procedura civile sono apportate le seguenti modificazioni:

e) all'articolo 654, primo comma, le parole «scritto in calce all'originale del decreto d'ingiunzione» sono soppresse;

Art. 654. Dichiarazione di esecutorietà ed esecuzione.

[I]. La esecutorietà non disposta con la sentenza o con l'ordinanza di cui all'articolo precedente è conferita con decreto del giudice che ha pronunciato l'ingiunzione.

[II]. Ai fini dell'esecuzione non occorre una nuova notificazione del decreto esecutivo; ma nel precetto deve farsi menzione del provvedimento che ha disposto l'esecutorietà.

Diritto intertemporale: la disposizione si applica ai procedimenti introdotti successivamente al 28 febbraio 2023.

Commento

La norma in commento prende atto dell'impossibilità di alterare un documento informatico. Pertanto, l'esecutorietà è conferita dal giudice con un atto autonomo.

Art. 658

8) Al libro quarto del codice di procedura civile sono apportate le seguenti modificazioni:

f) all'articolo 658, primo comma, dopo le parole «al conduttore» sono inserite le seguenti: «, all'affittuario di azienda, all'affittuario coltivatore diretto, al mezzadro o al colono»;

Art. 658. Intimazione di sfratto per morosità.

[I]. Il locatore può intimare al conduttore, **all'affittuario di azienda, all'affittuario coltivatore diretto, al mezzadro o al colono** lo sfratto con le modalità stabilite nell'articolo precedente anche in caso di mancato pagamento del canone di affitto alle scadenze, e chiedere nello stesso atto l'ingiunzione di pagamento per i canoni scaduti.

[II]. Se il canone consiste in derrate, il locatore deve dichiarare a norma dell'articolo 639 la somma che è disposto ad accettare in sostituzione.

Diritto intertemporale: la disposizione si applica ai procedimenti introdotti successivamente al 28 febbraio 2023.

Commento

La norma in esame rimedia a un'omissione del d.lgs. n. 149/2022. La legge delega, al comma 5, lettera r), così prevedeva: "estendere l'applicabilità della procedura di convalida di licenza per scadenza del contratto e di sfratto per morosità anche ai contratti di comodato di beni immobili e di affitto d'azienda". Il legislatore delegato si era "dimenticato" di operare tale estensione.

Art. 660

8. Al libro quarto del codice di procedura civile sono apportate le seguenti modificazioni:

g) all'articolo 660:

1) il secondo comma è sostituito dal seguente:

«Il locatore può dichiarare nell'atto un indirizzo di posta elettronica certificata risultante da pubblici elenchi o eleggere un domicilio digitale speciale, altrimenti l'opposizione prevista nell'articolo 668 e qualsiasi altro atto del giudizio gli sono notificati presso il procuratore costituito»;

2) al terzo comma, dopo le parole «ai sensi dell'articolo 663» sono aggiunte le seguenti: «e che sussistendo i presupposti di legge la parte può presentare istanza per l'ammissione al patrocinio a spese dello Stato»;

3) al quinto comma, le parole «in cancelleria» sono soppresse;

Art. 660. Forma dell'intimazione.

[I]. Le intimazioni di licenza o di sfratto indicate negli articoli precedenti debbono essere notificate a norma degli articoli 137 e seguenti, esclusa la notificazione al domicilio eletto.

[II]. Il locatore può dichiarare nell'atto un indirizzo di posta elettronica certificata risultante da pubblici elenchi o eleggere un domicilio digitale speciale, altrimenti l'opposizione prevista nell'articolo 668 e qualsiasi altro atto del giudizio gli sono notificati presso il procuratore costituito.

[III]. La citazione per la convalida, redatta a norma dell'articolo 125, in luogo dell'invito e dell'avvertimento al convenuto previsti nell'articolo 163, terzo comma, numero 7, deve contenere, con l'invito a comparire nell'udienza indicata, l'avvertimento che se non comparisce o, comparendo, non si oppone, il giudice convalida la licenza o lo sfratto ai sensi dell'articolo 663 **e che sussistendo i presupposti di legge la parte può presentare istanza per l'ammissione al patrocinio a spese dello Stato**.

[IV]. Tra il giorno della notificazione dell'intimazione e quello dell'udienza debbono intercorrere termini liberi non minori di venti giorni. Nelle cause che richiedono pronta spedizione il giudice può, su istanza dell'intimante, con decreto motivato, scritto in calce all'originale e alle copie dell'intimazione, abbreviare fino alla metà i termini di comparizione.

[V]. Le parti si costituiscono depositando l'intimazione con la relazione di notificazione o la comparsa di risposta, oppure presentando tali atti al giudice in udienza.

[VI]. Ai fini dell'opposizione e del compimento delle attività previste negli articoli da 663 a 666, è sufficiente la comparizione personale dell'intimato.

[VII]. Se l'intimazione non è stata notificata in mani proprie, l'ufficiale giudiziario deve spedire avviso all'intimato dell'effettuata notificazione a mezzo di lettera raccomandata, e allegare all'originale dell'atto la ricevuta di spedizione.

Diritto intertemporale: la disposizione si applica ai procedimenti introdotti successivamente al 28 febbraio 2023.

Commento

La norma in commento contiene due novità.

Con la prima si prevede che l'intimante (locatore o comodante) possa indicare un indirizzo pec, al quale l'intimato deve proporre l'opposizione dopo la convalida, prevista dall'art. 668 c.p.c. In mancanza, l'opposizione è notificata al procuratore costituito.

La seconda novità consiste nell'avvertimento relativo alla possibilità di chiedere il patrocinio a spese dello Stato.

Art. 664

8. Al libro quarto del codice di procedura civile sono apportate le seguenti modificazioni:

h) all'articolo 664, il secondo comma è sostituito dal seguente:

«Il decreto è conservato nel fascicolo d'ufficio unitamente a una copia dell'atto di intimazione.»;

Art. 664. Pagamento dei canoni.

[I]. Nel caso previsto nell'articolo 658, il giudice adito pronuncia separato decreto d'ingiunzione per l'ammontare dei canoni scaduti e da scadere fino all'esecuzione dello sfratto, e per le spese relative all'intimazione.

[II]. **Il decreto è conservato nel fascicolo d'ufficio unitamente a una copia dell'atto di intimazione.**

[III]. Il decreto è immediatamente esecutivo, ma contro di esso può essere proposta opposizione a norma del capo precedente. L'opposizione non toglie efficacia all'avvenuta risoluzione del contratto.

Diritto intertemporale: la disposizione si applica ai procedimenti introdotti successivamente al 28 febbraio 2023.

Commento

La norma in commento prende atto che, nel processo telematico, non è possibile intervenire su un atto digitale già formato. Poiché il decreto ingiuntivo non può essere esteso in calce all'atto di intimazione, esso è pronunciato con atto separato.

Art. 669-*bis*

8. Al libro quarto del codice di procedura civile sono apportate le seguenti modificazioni:

i) all'articolo 669-*bis*, le parole «depositato nella cancelleria del giudice» sono sostituite dalla seguente: «al giudice»;

Art. 669-*bis*. Forma della domanda.

[I]. La domanda si propone con ricorso al giudice competente.

Diritto intertemporale: la disposizione si applica ai procedimenti introdotti successivamente al 28 febbraio 2023.

Commento

La norma in commento si limita ad eliminare il riferimento alla cancelleria, che nel processo telematico non integra più le modalità ed il luogo del "deposito".

Art. 669-*octies*

8. Al libro quarto del codice di procedura civile sono apportate le seguenti modificazioni:

l) all'articolo 669-*octies*, ottavo comma, dopo le parole «associazioni, fondazioni» sono inserite le seguenti: «, comitati, consorzi»;

Art. 669-*octies*. Provvedimento di accoglimento.

[I]. L'ordinanza di accoglimento, ove la domanda sia stata proposta prima dell'inizio della causa di merito, deve fissare un termine perentorio non superiore a sessanta giorni per l'inizio del giudizio di merito, salva l'applicazione dell'ultimo comma dell'articolo 669-*novies*.

[II]. In mancanza di fissazione del termine da parte del giudice, la causa di merito deve essere iniziata entro il termine perentorio di sessanta giorni.

[III]. Il termine decorre dalla pronuncia dell'ordinanza se avvenuta in udienza o altrimenti dalla sua comunicazione.

[IV]. Per le controversie individuali relative ai rapporti di lavoro alle dipendenze delle pubbliche amministrazioni, escluse quelle devolute alla giurisdizione del giudice amministrativo, il termine decorre dal momento in cui la domanda giudiziale è divenuta procedibile o, in caso di mancata presentazione della richiesta di espletamento del tentativo di conciliazione, decorsi trenta giorni.

[V]. Nel caso in cui la controversia sia oggetto di compromesso o di clausola compromissoria, la parte, nei termini di cui ai commi precedenti, deve notificare all'altra un atto nel quale dichiara la propria intenzione di promuovere il procedimento arbitrale, propone la domanda e procede, per quanto le spetta, alla nomina degli arbitri.

[VI]. Le disposizioni di cui al presente articolo e al primo comma dell'articolo 669-*novies* non si applicano ai provvedimenti di urgenza emessi ai sensi dell'articolo 700 e agli altri provvedimenti cautelari idonei ad anticipare gli effetti della sentenza di merito, previsti dal codice civile o da leggi speciali, nonché ai provvedimenti emessi a seguito di denunzia di nuova opera o di danno temuto ai sensi dell'articolo 688 e ai provvedimenti di sospensione dell'efficacia delle delibere assembleari adottati ai sensi dell'articolo 1137, quarto comma, del codice civile, ma ciascuna parte può iniziare il giudizio di merito.

[VII]. Il giudice, quando emette uno dei provvedimenti di cui al sesto comma prima dell'inizio della causa di merito, provvede sulle spese del procedimento cautelare.

[VIII]. L'estinzione del giudizio di merito non determina l'inefficacia dei provvedimenti di cui al sesto comma, né dei provvedimenti cautelari di sospensione dell'efficacia delle deliberazioni assunte da qualsiasi organo di associazioni, fondazioni, **comitati, consorzi** o società, anche quando la relativa domanda è stata proposta in corso di causa.

[IX]. L'autorità del provvedimento cautelare non è invocabile in un diverso processo.

Diritto intertemporale: la disposizione si applica ai procedimenti introdotti successivamente al 28 febbraio 2023.

Commento

La norma in commento precisa che il carattere anticipatorio della pronuncia di sospensione dell'efficacia delle deliberazioni impugnate – e la conseguente permanenza dell'efficacia di tale sospensione a seguito dell'estinzione (o della mancata, tempestiva istaurazione) del giudizio di merito – riguarda anche i comitati ed i consorzi.

Art. 669-*nonies*

8. Al libro quarto del codice di procedura civile sono apportate le seguenti modificazioni:

m) all'articolo 669-*nonies*, secondo comma, le parole «in calce al ricorso» sono soppresse;

Art. 669-*nonies*. Inefficacia del provvedimento cautelare.

[I]. Se il procedimento di merito non è iniziato nel termine perentorio di cui all'articolo 669-*octies*, ovvero se successivamente al suo inizio si estingue, il provvedimento cautelare perde la sua efficacia.

[II]. In entrambi i casi, il giudice che ha emesso il provvedimento, su ricorso della parte interessata, convocate le parti con decreto, dichiara con ordinanza avente efficacia esecutiva, che il provvedimento è divenuto inefficace e dà le disposizioni necessarie per ripristinare la situazione precedente.

[III]. Il provvedimento cautelare perde altresì efficacia se non è stata versata la cauzione di cui all'articolo 669-*undecies*, ovvero se con sentenza, anche non passata in giudicato, è dichiarato inesistente il diritto a cautela del quale era stato concesso. In tal caso i provvedimenti di cui al comma precedente sono pronunciati nella stessa sentenza o, in mancanza, con ordinanza a seguito di ricorso al giudice che ha emesso il provvedimento.

[IV]. Se la causa di merito è devoluta alla giurisdizione di un giudice straniero o ad arbitrato italiano o estero, il provvedimento cautelare, oltre che nei casi previsti nel primo e nel terzo comma, perde altresì efficacia:

1) se la parte che l'aveva richiesto non presenta domanda di esecutorietà in Italia della sentenza straniera o del lodo arbitrale entro i termini eventualmente previsti a pena di decadenza dalla legge o dalle convenzioni internazionali;

2) se sono pronunciati sentenza straniera, anche non passata in giudicato, o lodo arbitrale che dichiarino inesistente il diritto per il quale il provvedimento era stato concesso. Per la dichiarazione di inefficacia del provvedimento cautelare e per le disposizioni di ripristino si applica il secondo comma del presente articolo.

Diritto intertemporale: la disposizione si applica ai procedimenti introdotti successivamente al 28 febbraio 2023.

Commento

La norma in commento prende atto che, nel processo telematico, non è possibile intervenire su un atto digitale già formato. Poiché l'ordinanza non può essere estesa in calce al ricorso, essa è pronunciato con atto separato.

Art. 738

8. Al libro quarto del codice di procedura civile sono apportate le seguenti modificazioni:

n) all'articolo 738, secondo comma, le parole «stende le sue conclusioni in calce al provvedimento del presidente» sono sostituite dalle seguenti: «deposita le sue conclusioni»;

Art. 738. Procedimento.

[I]. Il presidente nomina tra i componenti del collegio un relatore, che riferisce in camera di consiglio.

[II]. Se deve essere sentito il pubblico ministero, gli atti sono a lui previamente comunicati ed egli **deposita le sue conclusioni.**

[III]. Il giudice può assumere informazioni.

Diritto intertemporale: la disposizione si applica ai procedimenti introdotti successivamente al 28 febbraio 2023.

Commento

La norma in commento prende atto che, nel processo telematico, non è possibile intervenire su un atto digitale già formato. Poiché le conclusioni del p.m. non possono essere estese in calce al ricorso, esse sono contenute in un atto separato.

Art. 753

8. Al libro quarto del codice di procedura civile sono apportate le seguenti modificazioni:

o) all'articolo 753, secondo comma, dopo le parole «in cui ha sede il tribunale» sono aggiunte le seguenti: «o indicare il proprio indirizzo di posta elettronica certificata risultante da pubblici elenchi o eleggere un domicilio digitale speciale»;

Art. 753. Persone che possono chiedere l'apposizione.

[I]. Possono chiedere l'apposizione dei sigilli:

1) l'esecutore testamentario;

2) coloro che possono avere diritto alla successione;

3) le persone che coabitavano col defunto, o che al momento della morte erano addette al suo servizio, se il coniuge, gli eredi o alcuno di essi sono assenti dal luogo;

4) i creditori.

[II]. L'istanza si propone mediante ricorso, nel quale il proponente deve dichiarare la residenza o eleggere domicilio nel comune in cui ha sede il tribunale **o indicare il proprio indirizzo di posta elettronica certificata risultante da pubblici elenchi o eleggere un domicilio digitale speciale.**

Diritto intertemporale: la disposizione si applica ai procedimenti introdotti successivamente al 28 febbraio 2023.

Commento

La norma in commento consente all'istante di sostituire la dichiarazione di residenza o l'elezione di domicilio nel comune, ove il tribunale ha sede, con l'indicazione di un indirizzo pec risultante da un pubblico elenco, oppure con l'elezione di un domicilio digitale speciale.

Art. 769

8. Al libro quarto del codice di procedura civile sono apportate le seguenti modificazioni:

p) all'articolo 769, secondo comma, dopo le parole «in cui ha sede il tribunale» sono aggiunte le seguenti: «o indicare il proprio indirizzo di posta elettronica certificata risultante da pubblici elenchi o eleggere un domicilio digitale speciale»;

Art. 769. Istanza.

[I]. L'inventario può essere chiesto al tribunale dalle persone che hanno diritto di ottenere la rimozione dei sigilli ed è eseguito dal cancelliere del tribunale o da un notaio designato dal defunto con testamento o nominato dal tribunale.

[II]. L'istanza si propone con ricorso, nel quale il richiedente deve dichiarare la residenza o eleggere domicilio nel comune in cui ha sede il **tribunale o indicare il proprio indirizzo di posta elettronica certificata risultante da pubblici elenchi o eleggere un domicilio digitale speciale**.

[III]. Il tribunale provvede con decreto.

[IV]. Quando non sono stati apposti i sigilli, l'inventario può essere chiesto dalla parte che ne assume l'iniziativa direttamente al notaio designato dal defunto nel testamento ovvero, in assenza di designazione, al notaio scelto dalla stessa parte.

Diritto intertemporale: la disposizione si applica ai procedimenti introdotti successivamente al 28 febbraio 2023.

Commento

La norma in commento consente all'istante di sostituire la dichiarazione di residenza o l'elezione di domicilio nel comune, ove il tribunale ha sede, con l'indicazione di un indirizzo pec risultante da un pubblico elenco, oppure con l'elezione di un domicilio digitale speciale.

Art. 770

8. Al libro quarto del codice di procedura civile sono apportate le seguenti modificazioni:

q) all'articolo 770, primo comma, numero 3), dopo le parole «da essi eletto» sono aggiunte le seguenti: «o del loro indirizzo di posta elettronica certificata risultante da pubblici elenchi o del domicilio digitale speciale eletto»;

Art. 770. Inventario da eseguirsi dal notaio.

[I]. Quando all'inventario deve procedere un notaio, il cancelliere gli consegna, ritirandone ricevuta:

1) le chiavi da lui custodite a norma dell'articolo 756;

2) copia del processo verbale di apposizione dei sigilli, dell'istanza e del decreto di rimozione;

3) una nota delle opposizioni che sono state proposte con indicazione del nome, cognome degli opponenti e della loro residenza o del domicilio da essi eletto **o del loro indirizzo di posta elettronica certificata risultante da pubblici elenchi o del domicilio digitale speciale eletto**.

[II]. La copia indicata nel numero 2 e la nota indicata nel numero 3 sono unite all'inventario.

Diritto intertemporale: la disposizione si applica ai procedimenti introdotti successivamente al 28 febbraio 2023.

Commento

La norma in commento consente a chi propone opposizione di sostituire la dichiarazione di residenza o l'elezione di domicilio nel comune, ove il tribunale ha sede, con l'indicazione di un indirizzo pec risultante da un pubblico elenco, oppure con l'elezione di un domicilio digitale speciale.

Art. 789

8. Al libro quarto del codice di procedura civile sono apportate le seguenti modificazioni:

r) all'articolo 789, primo comma, le parole «che deposita in cancelleria» sono soppresse;

Art. 789. Progetto di divisione e contestazioni su di esso.

[I]. Il giudice istruttore predispone un progetto di divisione e fissa con decreto l'udienza di discussione del progetto, ordinando la comparizione dei condividenti e dei creditori intervenuti.

[II]. Il decreto è comunicato alle parti.

[III]. Se non sorgono contestazioni, il giudice istruttore, con ordinanza non impugnabile, dichiara esecutivo il progetto, altrimenti provvede a norma dell'articolo 187.

[IV]. In ogni caso il giudice istruttore dà con ordinanza le disposizioni necessarie per l'estrazione a sorte dei lotti.

Diritto intertemporale: la disposizione si applica ai procedimenti introdotti successivamente al 28 febbraio 2023.

Commento

La norma in commento si limita ad eliminare il riferimento al deposito in cancelleria, che nel processo telematico non integra più le modalità ed il luogo del "deposito".

Art. 791-*bis*

8) Al libro quarto del codice di procedura civile sono apportate le seguenti modificazioni:

s) all'articolo 791-*bis*:

1. al quarto comma:

1.1. le parole «Libro quarto, Titolo I, Capo III-bis» sono sostituite dalle parole «libro secondo, titolo I, capo III-quater»;

1.2. le parole «di cui ai commi secondo e terzo dell'articolo 702-*ter*» sono sostituite dalle parole «di cui al primo comma dell'articolo 281-*duodecies*»;

2) al quinto comma, le parole «in cancelleria» sono soppresse;

Art. 791-*bis*. Divisione a domanda congiunta.

[I] Quando non sussiste controversia sul diritto alla divisione né sulle quote o altre questioni pregiudiziali gli eredi o condomini e gli eventuali creditori e aventi causa che hanno notificato o trascritto l'opposizione alla divisione possono, con ricorso congiunto al tribunale competente per territorio, domandare la nomina di un notaio ovvero di un avvocato aventi sede nel circondario al quale demandare le operazioni di divisione. Le sottoscrizioni apposte in calce al ricorso possono essere autenticate, quando le parti lo richiedono, da un notaio o da un avvocato. Se riguarda beni immobili, il ricorso deve essere trascritto a norma dell'articolo 2646 del codice civile. Si procede a norma degli articoli 737 e seguenti del presente codice. Il giudice, con decreto, nomina il professionista incaricato eventualmente indicato dalle parti e, su richiesta di quest'ultimo, nomina un esperto estimatore.

[II] Quando risulta che una delle parti di cui al primo comma non ha sottoscritto il ricorso, il professionista incaricato rimette gli atti al giudice che, con decreto, dichiara inammissibile la domanda e ordina la cancellazione della relativa trascrizione. Il decreto è reclamabile a norma dell'articolo 739.

[III] Il professionista incaricato, sentite le parti e gli eventuali creditori iscritti o aventi causa da uno dei partecipanti che hanno acquistato diritti sull'immobile a norma dell'articolo 1113 del codice civile, nel termine assegnato nel decreto di nomina predispone il progetto di divisione o dispone la vendita dei beni non comodamente divisibili e dà avviso alle parti e agli altri interessati del progetto o della vendita. Alla vendita dei beni si applicano, in quanto compatibili, le disposizioni relative al professionista delegato di cui al Libro terzo, Titolo II, Capo IV, Sezione III, § 3-*bis*. Entro trenta giorni dal versamento del prezzo il professionista incaricato predispone il progetto di divisione e ne dà avviso alle parti e agli altri interessati.

[IV] Ciascuna delle parti o degli altri interessati può ricorrere al Tribunale nel termine perentorio di trenta giorni dalla ricezione dell'avviso per opporsi alla vendita di beni o contestare il progetto di divisione. Sull'opposizione il giudice procede secondo le disposizioni di cui al **libro secondo, titolo I, capo III-*quater***; non si applicano quelle di cui **di cui al primo comma dell'articolo 281-*duodecies***. Se l'opposizione è accolta il giudice dà le disposizioni necessarie per la prosecuzione delle operazioni divisionali e rimette le parti avanti al professionista incaricato.

[V] Decorso il termine di cui al quarto comma senza che sia stata proposta opposizione, il professionista incaricato deposita il progetto con la prova degli avvisi effettuati. Il giudice dichiara esecutivo il progetto con decreto e rimette gli atti al professionista incaricato per gli adempimenti successivi.

Diritto intertemporale: la disposizione si applica ai procedimenti introdotti successivamente al 28 febbraio 2023.

Commento

La norma in commento contiene due novità.

Con la prima si prende atto che il sommario è stato sostituito dal semplificato, e si prevede quindi l'applicazione delle norme relative a tale processo, fatta eccezione per la possibilità – prevista dall'art. 281-*duodecies,* comma 1, c.p.c., di convertire il rito in ordinario.

Con la seconda si elimina il riferimento al deposito in cancelleria, che nel processo telematico non integra più le modalità ed il luogo del "deposito".

Art. 792

8) Al libro quarto del codice di procedura civile sono apportate le seguenti modificazioni:

t) all'articolo 792, secondo comma, le parole «e presentare nella cancelleria» sono sostituite dalla seguente: «nonché»;

Art. 792. Deposito del prezzo.

[I]. L'acquirente che ha dichiarato al precedente proprietario e ai creditori iscritti di volere liberare l'immobile acquistato dalle ipoteche deve chiedere, con ricorso al presidente del tribunale competente per la espropriazione, la determinazione dei modi per il deposito del prezzo offerto. Il presidente provvede con decreto.

[II]. Se non sono state fatte richieste di espropriazione nei quaranta giorni successivi alla notificazione della dichiarazione al precedente proprietario e ai creditori iscritti, l'acquirente, nel termine perentorio di sessanta giorni dalla notificazione, deve depositare nei modi prescritti dal presidente del tribunale il prezzo offerto **nonché** il certificato del deposito, il titolo d'acquisto col certificato di trascrizione, un estratto autentico dello stato ipotecario e l'originale dell'atto notificato al precedente proprietario e ai creditori iscritti.

Diritto intertemporale: la disposizione si applica ai procedimenti introdotti successivamente al 28 febbraio 2023.

Commento

La norma in commento si limita ad eliminare il riferimento alla cancelleria, che nel processo telematico non integra più le modalità ed il luogo del "deposito".

Art. 825

8) Al libro quarto del codice di procedura civile sono apportate le seguenti modificazioni:

u) all'articolo 825, primo comma, le parole «nella cancelleria del tribunale» sono sostituite dalle seguenti: «presso il tribunale»;

Art. 825. Deposito del lodo.

[I]. La parte che intende fare eseguire il lodo nel territorio della Repubblica ne propone istanza depositando il lodo in originale, o in copia conforme, insieme con l'atto contenente la convenzione di arbitrato, in originale o in copia conforme, **presso il tribunale** nel cui circondario è la sede dell'arbitrato. Il tribunale, accertata la regolarità formale del lodo, lo dichiara esecutivo con decreto. Il lodo reso esecutivo è soggetto a trascrizione o annotazione, in tutti i casi nei quali sarebbe soggetta a trascrizione o annotazione la sentenza avente il medesimo contenuto.

[II]. Del deposito e del provvedimento del tribunale è data notizia dalla cancelleria alle parti nei modi stabiliti dell'articolo 133, secondo comma.

[III]. Contro il decreto che nega o concede l'esecutorietà del lodo, è ammesso reclamo mediante ricorso alla corte d'appello, entro trenta giorni dalla comunicazione; la corte, sentite le parti, provvede in camera di consiglio con ordinanza.

Diritto intertemporale: la disposizione si applica ai procedimenti introdotti successivamente al 28 febbraio 2023.

Commento

La norma in commento si limita ad eliminare il riferimento al deposito in cancelleria, che nel processo telematico non integra più le modalità ed il luogo del "deposito".

Art. 840-*ter*

8) Al libro quarto del codice di procedura civile sono apportate le seguenti modificazioni:

v) all'articolo 840-*ter*, terzo comma, le parole «dal rito sommario di cognizione di cui agli articoli 702-*bis* e seguenti» sono sostituite dalle seguenti: «dal rito semplificato di cognizione di cui agli articoli 281-*decies* e seguenti»;

Art. 840-*ter*. Forma e ammissibilità della domanda.

[I] La domanda per l'azione di classe si propone con ricorso esclusivamente davanti alla sezione specializzata in materia di impresa competente per il luogo ove ha sede la parte resistente.

[II] Il ricorso, unitamente al decreto di fissazione dell'udienza, è pubblicato, a cura della cancelleria ed entro dieci giorni dal deposito del decreto, nell'area pubblica del portale dei servizi telematici gestito dal Ministero della giustizia, in modo da assicurare l'agevole reperibilità delle informazioni in esso contenute.

[III] Il procedimento è regolato **dal rito semplificato di cognizione di cui agli articoli 281-*decies* e seguenti** ed è definito con sentenza, resa nel termine di trenta giorni successivi alla discussione orale della causa. Non può essere disposto il mutamento del rito. Entro il termine di trenta giorni dalla prima udienza il tribunale decide con ordinanza sull'ammissibilità della domanda, ma può sospendere il giudizio quando sui fatti rilevanti ai fini del decidere è in corso un'istruttoria davanti a un'autorità indipendente ovvero un giudizio davanti al giudice amministrativo. Restano ferme le disposizioni del decreto legislativo 19 gennaio 2017, n. 3.

[IV] La domanda è dichiarata inammissibile:

a) quando è manifestamente infondata;

b) quando il tribunale non ravvisa omogeneità dei diritti individuali tutelabili ai sensi dell'articolo 840-*bis*;

c) quando il ricorrente versa in stato di conflitto di interessi nei confronti del resistente;

d) quando il ricorrente non appare in grado di curare adeguatamente i diritti individuali omogenei fatti valere in giudizio.

[V] L'ordinanza che decide sull'ammissibilità è pubblicata, a cura della cancelleria, nell'area pubblica del portale dei servizi telematici di cui al secondo comma, entro quindici giorni dalla pronuncia.

[VI] Quando l'inammissibilità è dichiarata a norma del quarto comma, lettera a), il ricorrente può riproporre l'azione di classe quando si siano verificati mutamenti delle circostanze o vengano dedotte nuove ragioni di fatto o di diritto.

[VII] L'ordinanza che decide sull'ammissibilità dell'azione di classe è reclamabile dalle parti davanti alla corte di appello nel termine di trenta giorni dalla sua comunicazione o dalla sua notificazione, se anteriore. Sul reclamo la corte di appello decide, in camera di consiglio, con ordinanza entro trenta giorni dal deposito del ricorso introduttivo del reclamo. In caso di accertamento dell'ammissibilità della domanda, la corte di appello trasmette gli atti al tribunale adito per la prosecuzione della causa. Il reclamo avverso le ordinanze ammissive non sospende il procedimento davanti al tribunale.

[VIII] Con l'ordinanza di inammissibilità e con quella che, in sede di reclamo, conferma l'ordinanza di inammissibilità, il giudice regola le spese.

Diritto intertemporale: la disposizione si applica ai procedimenti introdotti successivamente al 28 febbraio 2023.

Commento

Con la norma in commento si prende atto che il processo sommario è stato sostituito dal processo semplificato, e si prevede quindi l'applicazione delle norme relative a tale processo.

Art. 840-*undecies*

8) Al libro quarto del codice di procedura civile sono apportate le seguenti modificazioni:

z) all'articolo 840-*undecies*:

1) al primo comma, le parole «la cancelleria del tribunale» sono sostituite dalla parola «il tribunale»;

2) al terzo comma, lettera b), dopo le parole «in cui ha sede il giudice adito» sono aggiunte le seguenti: «o il suo indirizzo di posta elettronica certificata risultante da pubblici elenchi o l'elezione di un domicilio digitale speciale».

Art. 840-*undecies*. Impugnazione del decreto.

[I] Contro il decreto di cui all'articolo 840-*octies*, quinto comma, può essere proposta opposizione con ricorso depositato presso **il tribunale**.

[II] Il ricorso può essere proposto dal resistente, dal rappresentante comune degli aderenti e dagli avvocati di cui all'articolo 840-*novies*, sesto e settimo comma, nel termine perentorio di trenta giorni dalla comunicazione del provvedimento. Gli avvocati di cui al periodo precedente possono proporre motivi di opposizione relativi esclusivamente ai compensi e alle spese liquidati con il decreto impugnato.

[III] Il ricorso non sospende l'esecuzione del decreto, fatta salva la facoltà del tribunale di disporre diversamente su istanza di parte in presenza di gravi e fondati motivi. Esso deve contenere:

a) l'indicazione del tribunale competente;

b) le generalità del ricorrente e l'elezione del domicilio nel comune in cui ha sede il giudice adito **o il suo indirizzo di posta elettronica certificata risultante da pubblici elenchi o l'elezione di un domicilio digitale speciale**;

c) l'esposizione dei fatti e degli elementi di diritto su cui si basa l'opposizione, con le relative conclusioni.

[IV] Il presidente del tribunale, nei cinque giorni successivi al deposito del ricorso, designa il relatore e fissa con decreto l'udienza di comparizione entro quaranta giorni dal deposito. Il giudice delegato non può far parte del collegio.

[V] Il ricorso, unitamente al decreto di fissazione dell'udienza, deve essere comunicato ai controinteressati entro cinque giorni dal deposito del decreto. Il resistente deve costituirsi almeno cinque giorni prima dell'udienza, depositando una memoria contenente l'esposizione delle difese in fatto e in diritto.

[VI] L'intervento di qualunque interessato non può avere luogo oltre il termine stabilito per la costituzione della parte resistente, con le modalità per questa previste.

[VII] Non sono ammessi nuovi mezzi di prova e non possono essere prodotti nuovi documenti, salvo che la parte dimostri di non aver potuto indicarli o produrli prima, per causa ad essa non imputabile.

[VIII] Entro trenta giorni dall'udienza di comparizione delle parti, il tribunale provvede con decreto motivato, con il quale conferma, modifica o revoca il provvedimento impugnato.

[IX] L'aderente può proporre azione individuale a condizione che la domanda di adesione sia stata revocata prima che il decreto sia divenuto definitivo nei suoi confronti.

Diritto intertemporale: la disposizione si applica ai procedimenti introdotti successivamente al 28 febbraio 2023.

Commento

La norma in commento contiene due novità.

Con la prima si prevede che il deposito del ricorso si effettui nel fascicolo telematico, e non in cancelleria.

Con la seconda si consente a chi propone l'opposizione di sostituire la dichiarazione di residenza o l'elezione di domicilio nel comune, ove il tribunale ha sede, con l'indicazione di un indirizzo pec risultante da un pubblico elenco, oppure con l'elezione di un domicilio digitale speciale.

Finito di stampare nel mese di novembre 2024
nella Stampatre s.r.l. di Torino – Via Bologna, 220